KB216773

가정을 세우는
남편의 기도

가정을 세우는 남편의 기도

저자 이대희

초판 1쇄 발행 2020. 6. 17.

발행처 도서출판 브니엘
발행인 권혁선

등록번호 서울 제2006-50호
등록일자 2006. 9. 11.

서울특별시 송파구 백제고분로28길 25 B101호 (05590)
마케팅부 02)421-3436
편집부 02)421-3487
팩시밀리 02)421-3438

ISBN 979-11-90308-23-6 03230

독자의견 02)421-3487
이메일 editorkhs@empal.com

북카페 주소 cafe.naver.com/penielpub.cafe
인스타그램 @peniel_books

도서출판 브니엘은 독자들의 책에 관한 아이디어나 원고를 설레는 마음으로 기다리고
있습니다. 책으로 엮기를 원하는 아이디어가 있으신 분은 위의 이메일로 간단한 개요와
취지, 연락처 등을 보내주십시오. 머뭇거리지 말고 문을 두드리세요. 길이 열립니다.

도서출판 브니엘은 갓구운 빵처럼 항상 신선한 책만을 고집합니다.

믿음의 명문家를 만드는 축복 기도문

가정을 세우는
남편의 기도

이대희 | 지음

브니엘

지금 우리는 코로나19로 인하여 그동안 한번도 경험해보지 못한 신앙생활을 하고 있다. 그것은 교회에 모여 예배드리는 일이 합법적인 행정명령으로 금지당하고 있는 것이다. 앞으로는 이전같이 마음대로 모여 예배하는 시대가 어렵게 될 가능성이 높다. 그것을 해결하는 대안은 가정이다. 많은 인원이 모이는 예배당 예배가 힘들 때는 결국 가정에서 예배를 할 수밖에 없다.

하지만 막상 가정에서 예배드린다는 게 생각보다 만만치 않다는 것을 경험을 통해 알 수 있다. 가정이 회복되지 않으면 온가족이 한마음으로 예배드리는 게 결코 쉬운 일이 아니다. 이것은 단순히 가정 예배를 한 번 드리는 일의 문제가 아닌 가정에서 교회가 세워지는 것을 말한다. 가정이 작은 교회로서 의미가 전제되지 않고는 가정 예배를 드리는 일은 여전히 어려운 과제로 남는다. 몇 번은 드릴 수 있어도 지속적으로 가정 예배를 드리는 것은 신앙의 영적 배경이 갖추어져야 가능한 일이다. 앞으로 한국교회는 가정을 살리는 방향으로 나아가야 교회 위기를 해결할 수 있다. 코로나19 위기는 이것을 우리에게 강력하게 말하고 있다. 이제는 가정에서 예배가 자리 잡아야 하고, 그렇게 되어야만 앞으로 더 큰 신앙 위기를 극복할 수 있다.

이런 점에서 이제 한국교회는 가정이 살아나는 길을 모색하고 그 일을 준비해야 한다. 그렇게 되면 가정도 살고 교회도 사는 이중 효과가 있다. 다음세대를 세우는 것도 가정에서 예배를 온가족이 드릴 때 가능하다. 가정이 없으면 미래도, 교회도 없다. 이런 점에서 앞으로 한국교회가 나아가야 할 중심 방향은 가정이 회복하고 가정 예배가 자리 잡는 일이다. 그렇게 되면 어떤 어려움이 와도 교회는 든든히 서 나갈 수 있다. 그렇지 않으면 한국교회가 유럽교회처럼 되는 것은 한순간이다. 유럽교회는 교회의 뿌리인 가정 교회와 가정 예배가 사라지면서 결국 무너졌다. 가정이야말로 교회의 뿌리이자 교회가 성장하는 진원지다. 이 점을 영적으로 보지 못하면 교회는 한순간에 무너지고 만다.

그렇다면 어떻게 해야 가정에서 작은 교회가 세워지며 그곳에서 예배가 정착할 수 있을까? 그것은 남편이 살고 아버지가 살아야 한다. 가정의 제사장인 아버지가 바르게 서는 일이 시급하다. 남편이 신앙으로 든든히 무장하여 가정의 신앙을 지켜나가고, 가정 예배를 드리도록 남편이 주체자로 나서야 한다. 그렇지 않고는 가정 예배가 지속되기 어렵고 가정 교회가 온전히 세워질 수 없다. 가정을 살리는 핵심은 남편이다.

그동안 우리 가정은 남편보다 아내가, 아버지보다 어머니의 역할이 컸다. 그 공로는 인정하지만 문제는 남편과 아버지의 역할이 약화되었다는 점이다. 그러다 보니 가정의 영적질서가 흐트러지면서 언약을 제대로 잇지 못하는 허약한 가정이 되었다. 실제로 아버지가 영적으로 서지 못하면 온 가정이 온전히 가정 예배를 드리기 어렵다. 아버지가 주체자로 서지 못하면 가정이 바르게 성장할 수 없다. 이것을 이루는 해결책은 남편이 기도하는 사람이 되는 일이다. 가정 예배와 가정 교회는 모두 남편의 기도가 바탕이 되어야 가능한 일이다. 기도하는 남편으로서 신앙생활을 온전히 하지 못하면 가정을 바르게 세워나갈 수 없다.

이런 점에서 남편의 기도는 중요한 해결책이 되고 가정을 세우는 출발점이 된다. 이것이 이 책을 집필한 목적이다. 지금 이 시대에 꼭 필요한 책이자 남편을 위한 신앙 지침서라 할 수 있다. 지금 우리 가정과 교회가 사는 길은 남편이 기도를 시작할 때 이루어진다. 그것을 위한 지침서가 바로 이 책이다. 그동안 한국 사회에서 남편의 역할이 많이 약화되었다. 특히 가정에서 남편은 한쪽으로 밀려나 있는 모습이 많았다. 이것은 교회에서도 마찬가지다. 교회의 성도들 중에서 남자보다 여자가 많은 이유로 남편의 신앙이 약화되었기 때문이다. 이것은 젊은이 세대에도 그대로 연결되어 믿음을 가진 남자 청년을 찾기가 어렵고, 그런 이유로 신앙을 가진 남자를 만나 결혼하기 어려운 시대가 되었다. 이것은 남편 신앙의 역할이 약화된 데서 비롯된 악순환의 현상이다.

이것을 해결하는 방법은 남편이 기도하는 한국교회가 되는 것이다. 대부분의 남편들은 아내에 비해 신앙의 모습이 약하다. 교회 마당만 밟은 형식적인 신앙을 가진 남편이 많다. 다시 말하면 기도하는 남편이 적다는 것이다. 그러다 보니 가정에서 신앙을 세우기 어렵고 가정 예배가 정착되지 않는 원인이 되고 있다.

지금부터 한국교회는 기도하는 남편이 되도록 목회의 방향과 남편의 회복운동을 일으켜야 한다. 교회 안에서 남편의 위치, 아버지의 위치가 회복되어 가정에서 영적 제사장의 역할을 감당하도록 교회가 적극 도와야 한다. 교회는 이 일을 위해 집중하고 해산의 수고를 해야 한다. 이것이 가정을 세우는 최선의 길이며 한국교회를 살리는 대안이다.

이것을 이루는 첫 단계가 남편들이 기도하는 것이다. 남편이 기도하면 가정이 살아난다. 남편이 기도하면 부부관계가 좋아진다. 남편이 기도하면 아버지의 권위가 살아나고 자녀가 살아난다. 가정 교육이 살아나고 자녀들이 행복한 삶을 살 수 있다. 가문의 미래가 보인다. 아울러 가정뿐만 아니라 교회가 자연적으로 성장하고 다시 부흥을 경험할 수 있다. 이것은 더 나아가 하나님의 나라가 세워지는 비전까지 이룰 수 있다. 그 핵심이 남편이다. 지금부터라도 당신의 남편을 기도하는 남편으로 만들어야 한다.

또한 남편 스스로가 내가 기도하는 남편으로 서는 노력이 필요하다. 기도를 통해 이 모든 것을 이룰 수 있다. 남편으로서 감당하기 어려운 일이 많고, 아버지로서, 가장으로서 감당해야 할 많은 무거운 소명이 있다. 이것은 혼자 힘으론 불가능하다. 그렇기에 기도 외에 다른 길이 없다. 기도하면 이것을 이룰 수 있다. 어떤 불가능한 일도 가능하다. 남편이 기도하면, 아버지가 기도하면 그 기도를 하나님이 들으시고 더욱 기쁘게 응답해주실 것이다.

남편들이여, 다시 일어서라! 기도하는 남편의 모습을 그리면서 하나님이 주신 영적 권위를 기도로 회복하고 지혜를 얻어 주신 사명을 감당하는 남편이 되자. 이것을 이루는 동반자로 이 책이 사용된다면 이보다 더 큰 기쁨은 없을 것이다. 그동안 남편의 기도에 대한 책이 거의 전무한 상황에서 이 책이 새로운 하나님의 역사를 이루는 선한 도구가 되길 소망한다. 나도 한 아내의 남편으로서, 자녀들의 아빠로서, 가정의 가장으로서, 또 신앙적으로는 복음의 제사장으로서 온전히 사명을 감당하기를 기도하는 마음으로 이 책을 집필했다.

이 책을 집필하는 내내 마음속에 아내의 생각이 떠나지 않았다. 지난 38년 동안 부족한 남편을 위해 기도하면서 돕는 배필로서 어려운 목회 사역의 길을 함께 해오면서 끝까지 사랑해주고 신뢰하며,

격려하고 위로하며, 때로는 바른 길을 가도록 조언을 아끼지 않은 동반자인 아내에게 무엇보다 감사드린다. 그리고 아빠를 믿고 가르침을 잘 따라주면서 건강한 성인으로 성장해준 두 자녀 이샘과 이기쁨에게 고마움을 전한다. 모든 영광을 하나님께 드린다.

글쓴이 이대희

P·a·r·t·1

남편의 기도가
가정을
형통하게 한다

성경은 남편의 기도를
이렇게 말한다

지금, 위대한 만남을 원하는가? 그렇다면 기도시간을 가져보라. 기도는 위대한 하나님과의 만남의 시간이자 영적인 대화의 시간이다. 하나님과의 영적 만남은 말씀을 주고받는 과정을 통해 친밀하게 이루어진다. 하나님은 영원한 말씀으로 우리에게 나타나시고 우리는 기도를 통해 응답하며 하나님과 만난다.

물론 모든 사람이 다 하나님과 기도로 교제하는 것은 아니다. 예수님을 믿고 예수님을 영접한 후에 성령께서 영으로 마음에 들어오시면, 비로소 우리는 영이신 하나님과 소통하게 된다. 천지를 창조하시고 나를 만드신 하나님과의 교제가 이루어지는 것이다. 이것은 인생에서 가장 고귀한 만남이다. 이 만남으로부터 인생이 완전히 달라진다. 그리스도인은 이제 사람과의 만남에서 한걸음 나아가 영이신 하나님과의 만남이 새롭게 시작되었다. 그리고 이 만남을 계속 유지시키는 것이 바로 말씀과 기도이다.

우리는 여기서 기도란 무엇인가를 생각해보고자 한다. 그렇다면 기도란 무엇일까? 단순히 내가 필요한 것을 구하는 것이 기도인가? 아니면 그 이상의 의미가 있는가? 이것은 우리가 기도할 때 기억해야 할 아주 중요한 부분이다.

이것을 잘 설명해주는 말씀이 아브라함과 하나님과의 만남이다. 성경은 아브라함이 "하나님과 친구"라고 말한다. 그것은 아브라함이 하나님과 항상 친구처럼 주고받는 영적 관계를 맺고 있었다는 의미다. 아브라함은 믿음의 조상이면서 기도의 대표적인 모델이다.

성경을 보면 아브라함이 특별히 시간을 정해서 하나님께 기도한 내용은 나오지 않는다. 다만 가는 곳마다 제단을 쌓고 예배한 모습을 볼 수 있다. 하나님은 아브라함에게 수시로 나타나 말씀하셨고 아브라함은 그 말씀에 응답하는 것을 보게 된다. 이것이 아브라함의 기도 모습이다. 아브라함은 일상에서 대화하듯 하나님과 교제를 나누었다. 아브라함은 살아가는 모든 일상이 기도였다.

아브라함의 기도는 이삭을 하나님께 번제드리는 장면에서 절정에 이른다. 어느 날 하나님은 아브라함에게 나타나 외아들 이삭을 바치라고 명령하신다. 아브라함은 하나님의 말씀을 들은 즉시 그대로 순종한다. 말씀에 순종하여 자기 자신보다 더 아끼는 아들 이삭을 번제물로 바치는 그 과정은 우리가 어떻게 기도해야 하는지를 잘 설명해준다. 자신을 완전히 죽이며 아들을 기꺼이 바치는 아브라함의 순종하는 모습, 이것이 바로 '기도의 꽃'이다.

특히 이삭이 모리아산으로 올라가면서 "제물인 양은 어디에 있습니까?"라고 물었을 때 "여호와 이레", 즉 하나님이 자신을 위해서 준비해 두셨다는 믿음으로 이삭을 기꺼이 바치는 모습은 아브라함의 순종의 절정을 보여준다. 결국 하나님을 감동시킨 아브라함의 순종은 응답을 받는다. 뜻하지 않은 곳에 하나님께서 친히 양을 예비해주셔서 제사를 드리게 한 것이다.

아브라함이 3일에 걸쳐 이삭을 바치는 과정은 아브라함의 기도를 그대로 볼 수 있다는 점에서 놀라운 기도 교과서이다. 기도란 무엇인가? 기도는 아브라함처럼 하나님의 말씀을 순종하여 그 뜻을 이루는 것이다. 그 뜻을 이루려면 자기를 온전히 죽이고 오직 하나님만 신뢰해야 한다. 그렇게 기도할 때 하나님은 우리의 기도에 응답하신다. 결국 기도는 자기를 말씀에 죽이는 일이다. 나는 죽고 그 말씀만 살아나는 것이다. 이것이 기도이자 기도 응답이다. 최고의 응답을 받은 아브라함은 우리의 기도 방향을 알려준다.

그렇다면 아브라함의 기도와 우리가 흔히 하는 기도의 차이는 무엇인가? 다른 종교에서 하는 기도나 믿음이 적은 기도는 나의 욕심을 채우려는 측면에서 기도를 사용한다. 하나님 중심이 아니라 내가 중심이고 나를 위해 신이 필요한 것이다. 이렇게 보면 그들의 신은 만들어진 신이 된다.

하지만 그리스도인의 기도는 자신을 하나님께 완전히 산제물로 드리는 것이다. 자기를 죽이기 위해서 기도하는 것이다. 여기서 자기를 죽이는 것은 그리 쉬운 일이 아니다. 그런 이유로 항상 기도하고 쉬지 말고 기도해야 한다. 아브라함이 이삭을 바치기 위해 모리아산까지 가는 과정은 하나님의 말씀을 이루는 힘든 기도의 시간이었다. 그리고 그 여정은 아브라함이 하나님의 말씀에 순종하여 이삭에게 칼을 대는 바로 그 순간, 기도의 정점을 이루었다. 우리는 기도할 때 바로 그 지점까지 나아가야 한다. 거기서 기도의 능력이 나타난다.

아브라함의 기도는 예수님의 겟세마네 기도와 거의 같은 이미지다. 예수님이 나머지 제자들은 산 아래 두고 세 제자만 데려가서 기도하는 장면과 마지막에 자기를 산제물로 바치는 기도에 오롯이 드릴 것을 결정하고 내려오는 모습은 아브라함과 같은 의미를 담고 있다. 아브라함이 이삭을 바치는 과정은 오늘날 우리 기도의 과정이 어떠해야 하는지를 잘 보여주는 내용이다.

당신은 기도를 왜 하는가? 혹시 당신의 욕심을 채우기 위해서 기도하는 것은 아닌가? 기도할수록 당신 자신을 더 살리는 것은 아닌지 자신을 돌아보아야 한다.

"주의 말씀을 열면 빛이 비치어 우둔한 사람들을 깨닫게 하나
이다"(시 119:130).

거짓된 영혼에 말씀을 열면 빛이 비추어
정직한 영혼이 되며
우둔한 사람이 말씀을 깨달아 알게 되어
순전한 사람이 된다.

성경은 왜 남편의 기도를 강조하는가?

아브라함은 믿음의 근원이면서 아울러 기도의 모델이
다. 그러면서 아버지와 남편으로서 본보기가 되고 있다. 이 책은 이
런 아브라함을 모델로 남편의 기도에 대해 처음으로 정리한 책이다.
가정에서 남편의 역할은 크다. 남편은 가정의 경제적인 부분을 공급
하고 안전을 지키며 보호하는 역할을 한다. 사실 많은 부분에서 남
편의 책임은 무겁고 크다. 가정을 운영하며 아내를 사랑하고 자녀를
양육하는 많은 역할을 감당해야 한다. 사회가 발전하고 악해질수록
이것은 인간의 힘으로 감당하기에는 그리 녹록치 않다. 특히 믿음을
가진 남편에게는 신앙으로 가정을 세우고 자녀를 말씀으로 양육하

는 일까지 포함한다면 그 부담은 더해진다.

현대사회에서 이런 다양한 일을 감당하지 못해서 가정이 무너지는 경우가 많다. 그렇다면 어떻게 하면 이런 일을 감당할 수 있을까? 혼자 힘으로는 불가능하다. 이런 점에서 남편의 기도가 절실히 필요하다. 혼자 감당하기에 너무나 벅찬 일이 많기에 이것을 감당하려면 기도보다 더 옳은 길은 없다. 이것이 남편이 기도해야 하는 이유이며, 이 책을 집필한 목적이다.

그러나 기도하는 남편상을 그리기가 쉽지는 않다. 그동안 가정에서 대부분의 기도는 어머니나 아내가 그 역할을 담당해 왔다고 여겨졌기 때문이다. 그러다 보니 남편의 기도는 턱없이 부족했고, 또 그 역할을 그리 크게 느끼지 못했던 것 같다. 하지만 남편이 가정의 중요한 일을 감당한다고 생각하면 남편의 기도가 더 중요하다고 할 수 있다. 다른 사람의 중보기도도 필요하지만 남편 자신의 기도가 더 중요하다.

기도는 단순히 무엇을 구하는 일보다 자기 자신이 변하는 게 핵심이다. 이렇게 보면 기도를 통해서 가장 필요한 것은 남편 스스로가 변화되는 일이다. 그중에서도 무슨 일을 하든지 자신을 의지하지 않고 하나님을 의지하는 삶의 변화가 더욱 시급하다. 그동안 인간적인 마음과 생각을 가진 것에서 하나님의 마음과 생각으로 변화하기 위해서도 기도는 필수과정이다.

기도하는 일조차 남편이 아내를 의지하다 보면 정말 어려운 문제가 생겼을 때 인간적인 판단을 하는 죄를 지을 수도 있다. 이것을 예방하는 방법은 남편이 평소에 기도로 무장하여 사탄의 시험을 감당하는 일이다. 왜냐하면 아내가 미혹에 빠질 수도 있기 때문이다. 부부는 한 사람이 무너지면 다른 사람이 붙들어 세워주어야 한다. 그렇지 않으면 함께 무너질 수 있다.

이런 면에서 남편의 기도는 가정을 떠받치는 버팀목이다. 이것의 대표적인 예가 하와가 선악과를 먹고 남편에게 준 사건이다. 뱀은 남편인 아담에게 다가오지 않고 아내인 하와에게 다가가 미혹했다. 그리고 하와를 통해 남편인 아담에게 선악과를 주어 먹게 함으로써 성공했다. 만일 아담이 근신하여 기도하는 남편이었다면 사탄의 유혹을 이길 수 있었을 것이다. 하지만 아담은 하나님의 명령을 한순간에 어겼다. 사탄은 영특하고 사악한 존재이다. 사탄인 뱀이 아담을 직접 미혹했다면 어땠을까? 아담이 이를 극복할 수 있었을까? 아마 이길 수 있었을 것이다. 하지만 아담은 아내 하와의 제안이었기에 아무 의심 없이 쉽게 미혹 당했다.

가정에서 아내의 역할은 중요하다. 남편의 역할 또한 중요하다. 그렇지만 둘 중에 한 사람이 잘못되었을 때 한 사람은 넘어진 배우자를 일으켜 세우고 가정을 지키는 최후의 보루가 되어야 한다. 그렇기에 남편은 항상 기도와 말씀으로 무장되어 있어야 한다. 이것이 남편의 기도가 중요한 이유이다. 지금도 사탄은 어김없이 우리네 가정을 공격하고 있다. 아담의 가족처럼….

이 시대의 흔들리는 남편들

가정을 책임질 의무를 지닌 한국의 남편들은 고달프다. 일자리가 불안한 한국 사회에서 남편들의 위치가 흔들리고 있다. 정년퇴직을 앞둔 남편과 명예퇴직을 강요당하는 남편들, 특히 노년시대에 접어든 남편들의 불안은 심리적 부담이 갈수록 더해진다. 100세 시대를 사는 지금은 퇴직 후 남은 노년의 삶을 유지할 일을 생각하면 더 불안해질 수밖에 없다. 여기에다 가정까지 책임져야 하는 남편의 위치까지 생각하면 힘든 것이 사실이다.

한국 남편들의 삶은 만만치 않다. 흔들리는 남편이 점점 많아지고 있다. 갈수록 남편의 짐이 무겁다. 이런 상황은 시간이 갈수록 더 힘들어질 수밖에 없다. 앞으로 더 심각한 것은 점점 세속화된 물질적 가치관이 지배하면서 아버지와 남편도 세속적인 가치 기준에 의해 평가받는 흐름이 가정 안에 빠르게 스며들고 있다는 점이다. 특히 자녀들과의 관계 속에게 이것은 더욱 심해진다.

성경에 보면 가정에서 남편들이 얼마나 힘들게 살았는지 잘 알수 있다. 자녀들과의 갈등 속에서 고뇌하는 남편의 모습을 보게 된다. 자녀 교육이야말로 부모의 뜻대로 안 된다. 하나님의 복을 전하면서 그 뜻대로 살 것을 가르치지만 자녀들 가운데 그 뜻을 거역하는 경우가 꼭 있다. 구약성경 창세기에 나오는 족장들의 이야기를 살펴보아도 대부분 그런 갈등을 갖고 있다.

아브라함이 하갈로부터 낳은 아들 이스마엘, 이삭이 낳은 에서, 그리고 야곱이 낳은 열두 아들의 이야기는 남편과 아버지로서 풀기 어려운 이야기들로 가득하다. 야곱의 침상까지 올라와 저주를 받은 장남 르우벤과 요셉을 팔아넘겨 야곱을 평생 눈물로 보내게 한 아들들의 이야기는 아버지와 남편의 힘든 모습을 그대로 보여준다. 특히 다윗에게서 보는 남편과 아버지 상은 한없이 약하고 권위가 떨어진 초라한 모습이다. 암논의 근친상간과 압살롬의 반역은 다윗에게 평생 짐이 되었다. 이런 모습을 보면서 아버지로서 자녀들을 양육하는 것이 얼마나 어려운 일인지를 성경을 읽으면서 더 깊게 느낄 수 있다.

이것은 성경을 읽어나가면 더 충격적으로 다가온다. 분열 왕국에서 소개되는 40명 왕들의 가족사를 보면 아버지와 자녀들과의 관계가 얼마나 복잡하게 얽혀 있는지 알 수 있다. 악한 아버지의 길은 즉시 순종하지만 선한 아버지의 본은 거역하면서 이스라엘의 멸망을 앞당겼다. 모두 가족 안에서 일어난 아버지와 아들과의 관계이다. 아무리 말씀을 전해도 듣지 않는 자녀가 있는 반면 악한 부모 아래서 선한 자녀가 나오는 이스라엘의 역사는 우리로 하여금 인간의 힘으로는 해결하기 어려운 일이 있음을 잘 보여준다. 이런 가정 안에서 아버지와 남편의 역할을 감당하기는 얼마나 어려운지 짐작할 수 있다.

남편이 살아야 가정이 산다

가정에서 남편의 역할은 아주 중요하다. 남편이 차지하는 비중은 매우 크다. 그것은 하나님이 남편을 가정의 머리로 세우셨기 때문이다. 머리된 남편이 역할을 얼마나 잘 감당하느냐에 따라 가정의 미래가 결정되고, 나아가 한 나라의 운명도 좌우될 수 있다.

그렇다면 남편이 세상의 어떤 상황에도 흔들리지 않고 살 수 있는 길은 없을까? 가정의 주춧돌과 같은 남편이 든든히 설 수 있는 길은 오직 하나밖에 없다. 그것은 하나님을 의지하는 방법이다. 한 사람의 남편은 가정을 세우는 데 중요하다. 조금 부족하다 해도 남편은 하나님이 세우신 가정의 머리요 질서이다. 가정이 살려면 가정의 질서가 바로 서야 한다. 그 가정을 세우는 첫 번째 질서가 남편의 자리를 잘 감당하는 것이다. 남편은 혼자서 세워지지 않는다. 가족이 모두 함께 노력해야 한다.

한 나라를 이끌어가는 지도자는 대통령이다. 비록 부족한 대통령이라도 국민들이 어떻게 돕느냐에 따라 달라질 수 있다. 국민이 힘을 실어주지 않으면 어떤 대통령도 직무를 수행하기 힘들고, 그런 나라는 후진성을 극복하기 어렵다. 마찬가지로 남편을 가정의 머리로 세운 하나님의 뜻이 있다. 그 남편을 하나님의 질서 측면에서 인정하고 순종한다면 가정이 건강하게 세워질 것이다. 남편이 가정에서 자기의 역할을 잘 감당하고 자존감을 찾을 수 있는 길을 발견할 수 있을 것이다.

그렇다면 어떻게 하면 남편을 살아나게 할 수 있을까? 그것은 가정을 세우는 데 중요한 출발점이 된다. 한 가정이 바로 서려면 남편이 자기 자리를 든든히 지켜야 한다. 지도자가 없는 나라는 불안하다. 마찬가지로 남편이 바르게 서지 못한 가정은 위기에 처하게 된다. 남편이 있어야 할 자리에 있지 않으면 가정은 흔들린다. 이런 점에서 가정에서 남편의 역할을 잘하도록 가족 구성원들이 돕고 순종하는 일이 필요하다. 그럴 때 남편으로서, 아버지로서 든든히 세워지고, 또 형통하는 가정이 될 수 있다.

"자녀들아 주 안에서 너희 부모에게 순종하라.
이것이 옳으니라. 네 아버지와 어머니를 공경하라.
이것은 약속이 있는 첫 계명이니
이로써 네가 잘되고 땅에서 장수하리라"(엡 6:1-3).

가정이 바로 서려면 남편이 서야 한다. 물론 먼저 남편의 모습이 스스로 달라져야 하지만 남편 혼자서는 힘들다. 가족이 함께 협력해야 한다. 남편이 힘을 얻으려면 가족 안에서 남편과 아버지로서의 권위와 자존감을 세워주어야 한다. 이것이 가정을 바르게 세우는 데 가장 기본적인 원리이다.

이것은 행위가 아닌 은혜의 방법이 될 때 가능하다. 은혜는 인간에게서 출발하는 게 아니라 하나님에게서 출발하는 것을 말한다. 남편을 가정의 머리로 세워주신 것은 인간의 행위에 근거한 게 아니라 하나님의 은혜로 인한 것이다. 이것을 이루려면 하나님이 세운 가정의 질서를 따르는 일이 선결되어야 한다. 남편의 권위보다 남편을 머리로 세운 하나님의 질서를 먼저 인정하는 일이 가정을 살리는 비결이다. 이런 면에서 보면 가정은 은혜로 시작되어야 한다.

남편이 기도하면 가정이 세워진다

가정의 질서를 위해 남편을 머리로 세워주신 것은 남편의 측면에서 보면 남편이 하나님을 더욱 의지해야 하는 존재임을 보여준다. 하나님을 의지하는 대표적인 일은 기도이다. 이런 측면에서 기도하는 남편이 중요하다. 남편을 머리로 세워주셨지만 많은 면에서 부족하다

남편으로서, 아버지로서 자격을 말하면 누구도 자신 있게 말할 사람이 없다. 나타난 부족함이 있지만 사실 숨어 있는 부족함도 많다. 이렇게 부족함을 지닌 사람을 가정의 머리로서 세워주신 것은 기도하라는 뜻이다. 그래서 남편은 기도하는 남편이 되어야 한다. 머리된 남편보다 으뜸이신 하나님께 기도하는 남편, 자신의 부족함을 깨닫고 하나님께 매달리는 남편. 이런 점에서 기도할 수 있다는

것이 얼마나 큰 힘이 되는지 모른다. 만약 기도하지 않는다면 남편의 역할을 감당할 수 없다. 하나님이 남자를 가정의 머리로 맡겨주신 것은 하나님께 더 가까이 다가가라는 의미다. 머리되신 하나님께 무릎 꿇고 기도하는 남편, 그리고 아버지가 된다면 가정을 온전히 세울 수 있다.

> "너희 중에 누구든지 지혜가 부족하거든
> 모든 사람에게 후히 주시고 꾸짖지 아니하시는
> 하나님께 구하라. 그리하면 주시리라"(약 1:5).

하나님이 원하시는 가정을 세우기 위해서는 하나님의 지혜가 필요하다. 하나님의 지혜를 얻으면 아무리 힘든 상황도 이길 수 있다. 기도는 하나님이 인간에게 주신 특권이다. 기도는 우리의 불가능을 가능하게 하는 힘이다. 어떤 상황에서도 남편이 기도할 수만 있다면 하나님은 기도를 통하여 가정을 형통하게 해주신다.

남편은 연약하기에 더 기도하고 하나님을 의지하게 된다. 인간이 가정을 세우는 일은 한계가 있다. 하나님이 도와주시지 않으면 가정을 세울 수가 없다. 가정을 만드신 분이 하나님이시기 때문이다. 처음에 하나님이 아담을 지으셨을 때 독처하는 것이 좋지 않게 보였다. 그래서 하나님은 아담을 위하여 돕는 배필인 여자를 만들어 아담에게로 이끌고 오셨다. 아담의 필요를 아시고 가장 소중한 아내를 주셔서 한몸을 이루게 하신 그 원리를 이해한다면 가정을 세우는데 하나님의 도움은 절대적이다.

하나님이 도우시면 어떤 일도 이룰 수 있다. 남편이 이런 믿음을 가지고 가정을 세워나간다면 하나님이 가정을 형통하게 하신다. 가정을 건강하게 세우는 일은 하나님이 더 원하시는 일이다. 가정에 필요한 것이 무엇인지 우리보다 하나님이 더 잘 아신다. 그것은 우리보다 하나님이 우리의 기도를 원하고 계신다는 방증이다. 구하고 찾고 두드리면 하나님이 주신다.

남편이 기도하는 것은 믿음에서 결정된다. 하나님께서 얼마나 이런 것을 원하고 계시는지 확신하며, 하나님과 동역하며 가정을 세워나간다는 믿음이 기도하게 만든다. 아내는 남편에게 이런 믿음을 갖게 해달라고 기도하고, 남편 역시 그런 믿음을 갖도록 기도하는 게 필요하다. 남편이 이런 원리를 알고 기도한다면 가정은 든든하게 세워질 것이다.

언약의 말씀과 연결된 남편의 책임

남편이 가정에서 해야 할 중요한 책임이 있다. 그것은 가정을 하나님의 역사와 연결하는 것이다. 이것이 남편의 책무이다. 대부분의 남편들은 이런 사실을 잘 모른다. 그러다 보니 인간인 자신의 힘으로 가정을 세우려고 한다. 그러나 가정을 세우는 데 가장 중요한 영역은 언약이다. 가정은 언약으로 세워지는 공동체다. 이것이 그리스도인의 가정의 원리다. 세상 가정은 역사가 단절된 개인적인 가정이다. 설령 있다 해도 조상과 연결된 정도이다. 혈연적인 역사로서 가정이 이어지고 있다. 그렇지만 그리스도인의 가정은 말씀을 이어가는 약속의 공동체다. 다음세대에 언약을 이어주는 것이 가정의 역할이다. 우리의 가정은 단순히 개인적인 가정이 아니라 하나님의 나라를 세워가는 거룩한 나라이기 때문이다. 택하신 족속이자 거룩한 나라요 왕의 가족이다.

이것은 오래전 아브라함부터 이어온 역사를 가졌고, 그 연장선에서 우리 가정이 세워졌다는 사실을 의미한다. 아브라함과 이삭과 야곱이 이어가듯 우리 가족 역시 아브라함의 언약을 믿는 아브라함의 가족이다. 이것은 더 나아가 예수님의 가족이기도 하다. 주님은 누구든지 하나님의 뜻을 행하면 그것이 자녀요 형제라고 말씀하셨다. 이런 언약과 역사를 이어주는 책임이 남편에게 있다. 그래서 하나님은 남편을 언제나 축복하는 존재로 세워주셨다. 자녀들에게 복을 빌어주는 존재로. 조상의 복을 이어서 자녀들에게 복을 빌어 축복이 이어가게 하셨다. 이 일의 책임을 부여받은 사람이 아버지다. 아버지는 세대를 연결하는 고리다. 이런 점에서 아버지와 남편의 역할은 중요하다.

오늘날 우리 가정도 이렇게 세워나가야 한다. 그렇게 보면 남편의 역할은 매우 중요하고, 그것을 가정에서 세우고 언약을 이어가는 주체자로서 사명을 감당해야 한다. 그렇게 될 때 믿음의 가정이 세워지고 어떤 어려움에도 흔들리지 않고 능히 극복할 수 있게 된다.

유대인 가정에서 남편은 이런 역할을 잘 감당하는 모습을 보여준다. 유대인은 수천 년 동안 나라를 잃고 떠돌이로 고난을 당했다. 그럼에도 유대인의 가정과 나라가 지금까지 살아남을 수 있었던 이유는 가정에서 남편이 이 사명을 잘 감당했기 때문이다. 가정이 곧 성전이자 국가요 민족이었다. 각 가정에서 남편이 이 역할을 잘 감당했기에 어떠한 고난도 능히 이길 수 있었다. 그것은 과거의 역사와 언약을 이어가는 일이었다. 아버지는 가정에서 자녀에게 언제나 과거의 하나님이 하신 역사를 이야기해주고 기억하게 하면서 그 말씀으로 가정을 세워나갔다.

오늘날 우리도 이런 모습을 닮아야 한다. 이 일을 주도하는 사람은 남편이다. 남편에게 이 책무가 주어졌다. 우리의 가정이 하나님의 언약을 이어가는 가정으로 세워지면 그 약속이 가정을 지키며 가정을 형통하게 할 것이다.

남편의 기도로 가정을 다시 세우라

각 가정마다 기도하는 남편을 보고 싶어 한다. 하지만

현실은 그렇지 못하다. 그동안 남편들은 이런 사명을 알지 못하고, 무엇을 해야 하는지 잘 인식하지 못했다. 지금이라도 남편의 기도로 가정을 다시 세우는 결단이 필요하다. 갈수록 가정이 힘들어지고 있다. 세속문화가 가정에 들어오면서 가정은 갈등과 분열이 일어나고, 세대 간에 연결이 끊어지고 있다. 부모와 자녀 간의 대화가 갈수록 적어지고 있다. 서로를 탓하면서 가정의 불화가 심화되고 있다.

이것은 오래전 아담과 하와의 가정에서부터 시작되었다. 죄가 들어오자 아담은 잘못을 아내 탓으로 돌리면서 부부 사이에 갈등이 생겼다. 이것은 지금도 동일하게 일어나고 있다. 그것은 모두 죄가 만든 작품이다. 죄는 부부의 갈등을 부추기고 자기중심적이 되면서 잘못의 책임을 상대방에게 전가시키는 역할을 했다. 죄에 사로잡힌 사람이 갈등을 조장했다. 이것을 영적으로 이해하지 못하면 죄는 여전히 가정 속에 존재하면서 가정을 흔들게 된다. 그렇기에 죄가 가정에 들어오지 않게 하려면 기도와 말씀으로 충만해야 한다. 기도한다는 것은 가정을 하나님께 맡긴다는 의미다. 기도하지 않으면 가정은 인간 중심이 되고 사람의 생각대로 좌지우지되며 거기서 불화가 발생하게 된다.

이것을 영적으로 감지하려면 누구보다 남편이 그것을 분별할 수 있는 영적 능력을 길러야 한다. 그렇게 하기 위해서 남편의 기도가 꼭 필요하다. 가정이야말로 사탄이 노리는 최대 격전지다. 가족은 가장 가까운 이웃이다. 부부 역시 마찬가지로 서로 한몸이다. 그런

데 부부 사이에 가장 불화가 많고 가정이 쉽게 깨지는 모습을 보게 된다. 이혼 가정이 많아지는 이유도 여기에 있다. 그것은 악한 사탄의 정체를 인지하지 못해서다.

싸움에서 승리하려면 상대의 정체와 전략을 알아야 한다. 우리가 영적 싸움에서 승리하려면 영적 동선을 파악해야 한다. 그것을 가장 먼저 알고 대처해야 하는 사람이 남편이다. 그런데 지금 우리의 남편들은 그렇지 못한 경우가 많다. 그것은 기도하는 남편이 될 때 가능하다. 늘 하나님과 교제하면서 기도할 때 사탄의 전략을 분별할 수 있다. 사탄은 시시각각으로 미혹하기에 우리 역시 항상 깨어 기도해야 한다. 그렇지 않으면 한순간에 사탄의 함정에 가족이 빠져들 수 있다.

이처럼 가정에서의 남편의 기도는 중요하고 꼭 해야만 하는 영적 습관이다. 기도시간을 통해 악한 대적을 이기는 힘을 얻고 악을 물리칠 수 있다. 사탄의 입장에서도 기도하는 남편이 있다면 가정을 함부로 넘보지 못할 것이다. 기도하는 남편은 가정을 세우는 파수꾼이다. 각 가정마다 기도하는 남편을 세우는 일이 절실하다.

"우리의 씨름은 혈과 육을 상대하는 것이 아니요 통치자들과 권세들과 이 어둠의 세상 주관자들과 하늘에 있는 악의 영들을 상대함이라. 그러므로 하나님의 전신갑주를 취하라. 이는 악한 날에 너희가 능히 대적하고 모든 일을 행한 후에 서기

위함이라. 그런즉 서서 진리로 너희 허리띠를 띠고 의의 호심
경을 붙이고 평안의 복음이 준비한 것으로 신을 신고 모든 것
위에 믿음의 방패를 가지고 이로써 능히 악한 자의 모든 불화
살을 소멸하고 구원의 투구와 성령의 검 곧 하나님의 말씀을
가지라. 모든 기도와 간구를 하되 항상 성령 안에서 기도하고
이를 위하여 깨어 구하기를 항상 힘쓰며 여러 성도를 위하여
구하라"(엡 6:12-18).

남편들이여, 가정에서
제사장적 역할을 감당하라

하나님이 가정에서 남자를 가장으로 세운 이유 중 하나
는 영적 제사장의 일을 감당하게 하기 위해서다. 제사장은 하나님께
제사드리는 일을 전담하고 책임지며 제사 임무를 수행하는 사람이
다. 제사장은 하나님과 인간을 연결하는 사람이다. 인간으로 하여금
하나님을 만나게 하는 길을 안내한다. 제사장은 이 일을 위해 구별
된 사람이다. 제사장이 이 일을 잘 감당하면 하나님께서 제사장의
생활을 책임지신다. 이것이 제사장이 누리는 특권이며 축복이다. 그
러나 제사장이 책임을 잘 감당하지 못하면 책임에 대해 엄하게 징계
를 받는다. 엘리의 아들인 홉니와 비느하스는 제사장직을 이어받았

지만 사명을 온전히 감당하지 못해 죽음이라는 징계를 받았다.

남편은 영적으로 보면 가정의 제사장으로 부름받았다. 남편을 가정의 머리로 삼아주셨다. 머리된 것은 단순히 인간적인 높음을 의미하지 않는다. 하나님을 섬기는 가정으로서 사명을 감당하기 위한 것이다. 제사장은 이 일을 수행하기 위해 주신 하나님의 특권이다. 만일 남편이 이 책임감을 감당하지 않고 등한시한다면 남편을 제사장으로 세우신 하나님을 업신여기는 결과를 초래할 수 있다.

그렇다면 이런 부르심을 아는 남편들이 얼마나 될까? 지금 가정의 위기는 점점 이런 남편들이 사라지고 있다는 것이다. 그것은 지금 가정이 무너지고 있다는 방증이다. 만약 가정에서 제사장적 역할이 사라지면 가정에서 영적 질서가 사라지고 인간적인 가족 이상의 의미를 갖지 못한다. 그리스도인의 가정이 세상과 다른 점은 남편의 제사장 의식을 갖는 일이다.

사실 각 가정마다 이것을 위해 노력하지만 현실적인 벽이 많다. 먼저 남편의 믿음이 이 수준까지 이르지 못하고 있는 점이 심각하다. 물론 이 일을 위해 교회가 남편들이 가정에서 제사장 역할을 하도록 양육하는 일에 우선을 두어야 하는데, 그것이 부족하다. 이렇게 된 것은 교회의 책임이 크다. 남편은 기도로 무장하는 가정에 대한 영적 사명을 가져야 한다. 그렇지 못하면 제사장으로서 일을 감당하기 어렵다.

하나님께서 인정한 욥은 평상시에 어떤 모습이었을까? 그것을 알려주는 말씀이 나온다. 욥은 아들의 명수대로 아침에 일어나서 번제를 드렸다. 가정에서 제사를 드린 것이다. 욥은 가정에서 제사장적 사명을 잘 감당했다. 욥이 하나님의 복을 받은 비결 가운데 하나는 가정에서 제사장적 역할을 깨닫고 적극적으로 행했다는 점이다.

> "그의 아들들이 자기 생일에 각각 자기의 집에서 잔치를 베풀고 그의 누이 세 명도 청하여 함께 먹고 마시더라. 그들이 차례대로 잔치를 끝내면 욥이 그들을 불러다가 성결하게 하되 아침에 일어나서 그들의 명수대로 번제를 드렸으니 이는 욥이 말하기를 혹시 내 아들들이 죄를 범하여 마음으로 하나님을 욕되게 하였을까 함이라. 욥의 행위가 항상 이러하였더라"(욥 1:4-5).

여기서 욥이 제사를 드렸다는 것은 가정의 중심이 하나님이심을 인정하고, 그것을 자녀들에게 매일 양육했다는 것을 의미한다. 제사는 하나님 앞에 자신을 죽이는 일이다. 온 가족이 하나님의 말씀을 청종하고 순종하는 실천이 곧 제사를 드리는 일이다. 이 일이 가정에서 이루어지기 위해서는 남편이 앞장서서 그것을 실천하고, 아버지의 권위로서 가정을 세우는 일이 우선되어야 한다. 남편이 움직이지 않으면 가정이 영적으로 바로 서기 힘들다. 이런 점에서 남편의 제사장적 의식이 필요하고, 아직 이것이 부족한 남편들을 위한 정체성을 심어주는 일이 시급하다.

교회의 시작은 본래 가정이었다. 가정은 어떤 곳인가? 자녀를 낳아 양육하고, 가족을 안전하게 지키고 보호하며, 온 가족이 행복을 누리는 곳이다. 이것을 이루려면 어떻게 해야 할까? 그것은 가정 예배의 회복이다. 가정 예배는 가정을 세우는 가장 중요한 출발점이다. 가정의 주인은 하나님이시다. 하나님은 자신을 경외하고 섬기는 가정에 한없는 복을 내려주신다.

여기서 하나님을 섬기는 일은 가정 예배를 통해 이루어진다. 일주일에 한 번 정도 가정 예배를 드리는 일의 중요성을 남편이 인식하고 실천해야 한다. 가정에서의 수많은 문제를 해결하는 길은 가정 예배를 통해 이루어진다. 예배 가운데 하나님의 지혜를 얻고 하나님의 은혜를 받게 된다.

예전에는 가정 예배를 많이 드렸었다. 그런데 지금은 가정 예배가 사라지고 있다. 가정 예배를 드리는 가정이 그리 많지 않다. 그것은 사회적 환경의 변화가 한몫했다. 맞벌이부부와 치열해진 대학입시, 갈수록 심화되는 빈부 격차 등으로 가족 구성원 모두가 살아가기에 바쁘다. 함께할 시간이 그리 많지 않다. 그러다 보니 마음은 있지만 시간을 내기 어렵다. 마음을 다잡지 않으면 가정 예배를 드리는 일이 그리 만만치 않다.

가정을 살리는 첫 번째 길은 예배를 회복하는 일이다. 사탄은 여기서부터 가정을 무너지게 한다. 남편은 이것을 깊이 인식하고 가정 예배의 회복을 중요한 영적 과제로 삼아야 한다. 이것을 위해 남편은 가정의 제사장으로서 쉬지 말고 기도해야 한다. 이런 시간을 통해 가정의 기도가 회복되고 온 가족이 한마음으로 기도한다면 가정 예배는 회복될 것이다. 남편이 가정 예배의 중요성을 인식하고 앞장서서 실천하지 않으면 가정에서 예배는 힘들어진다.

각 가정이 가정 예배를 드리고 싶지만 이것을 실천하는 일도 쉽지 않다. 시간을 내는 일도 어렵지만 막상 가정 예배를 시작하려 해도 어떻게 드려야 할지 난감해한다. 성경을 잘 모르는 상태에서 가정 예배를 인도하는 책임을 맡은 남편에게는 많이 부담되는 일이다. 이것을 위한 방법으로 가정 밥상머리를 제안한다.

유대인들은 안식일이 되면 온 가족이 모여 밥상머리 시간을 가졌다. 수천 년 동안 유대인들은 이 시간을 지켜왔다. 그 결과, 나라가 사라졌어도 나라를 유지할 수 있었으며, 결국에는 이스라엘이라는 국가를 재건할 수 있었다. 전세계에 흩어져서도 가정에서 일주일에 한 번씩 드린 안식일 밥상머리 시간이 지금의 이스라엘 민족을 지켜온 비결이었다. 그것은 아버지가 가정의 안식일을 주도하며 책임감을 가지고 지켜갔기 때문에 가능했던 일이었다.

이것을 우리에게 적용하면 가정 예배와 같은 시간이 된다. 일주일에 한 번 식사시간에 온 가족이 함께 둘러앉아 찬양과 기도를 드리고, 성경을 읽은 후 서로의 생각을 나누는 방식으로 가정 예배를 드릴 수 있다. 마무리할 때는 각자 가진 기도 제목을 나누고, 한 주간의 승리를 위해 중보기도를 한 후 축복과 격려의 메시지를 나누면 된다. 이것이 정착하기까지는 많은 수고와 노력이 필요하다. 시간을 적게 하더라도 일단 시작하는 것이 중요하다. 이 또한 제사장으로서 남편이 가정에서 꼭 회복해야 할 사역이다.

말씀과 기도로 세워지는
신앙의 명문家

가정은 하나님이 세우신 최초의 공동체다. 가정은 단순히 인간의 노력으로 이루어지는 공동체가 아니다. 가정은 하나님이 짝지어준 부부를 통해 세워졌기에 하나님 중심이 되지 않으면 그 가정은 인간의 욕심으로 채워질 수밖에 없다. 그런 가정은 부부가 아무리 노력해서 올바른 가정으로 세워나가려고 해도 그럴수록 더 어려움만 겪게 된다.

우리나라의 이혼율은 OECD 34개국 중 9위라고 한다(2015년 통계). 낮은 편이 아니다. 그렇다면 이혼 사유 첫 번째는 무엇일까? 경제적인 이유라고 한다. 가정에 경제적인 어려움으로 생기면 부부간에 갈등이 심해진다고 한다. 특히 사교육 등 자녀 교육의 문제가 부부 갈등의 단초를 제공하여 결국 이혼으로까지 이어진다고 한다.

알고 보면 이런 모든 문제는 인간의 욕심에서 파생된 것이다. 다른 가정의 자녀들과 자신의 자녀를 비교하면서 생긴 상대적 박탈감을 채우려는 부모의 욕심이 가정문제를 야기한 것이다. 단순하게 살기로 다짐하면 오히려 문제는 쉽게 풀린다. 비교하지 않고, 우리 아이는 하나님의 마음으로 성경적인 양육을 하겠다고 결심하고 나면 자녀 교육의 문제도, 부부간의 갈등도 쉽게 풀릴 수 있다.

아것을 해결하기 위해서는 가정이 하나님 앞으로 돌아서는 일이 중요하다. 하나님이 세우신 가정의 뜻을 잘 이해하고 하나님을 경외하는 가정을 세우기 위해서는 먼저 영적으로 회복되어야 한다. 사람이 만들어가는 가정이 아니라 하나님의 말씀에 순종하는 가정이 필요하다. 남편은 이 일에 책임감을 가지고 가정의 회복을 위해 기도하는 것부터 시작해야 한다. 이것을 위해 매 순간 말씀으로 마음과 생각을 새롭게 하는 영적 습관이 필요하다.

"그러므로 형제들아 내가 하나님의 모든 자비하심으로 너희를 권하노니 너희 몸을 하나님이 기뻐하시는 거룩한 산 제물로 드리라. 이는 너희가 드릴 영적 예배니라. 너희는 이 세대를 본받지 말고 오직 마음을 새롭게 함으로 변화를 받아 하나님의 선하시고 기뻐하시고 온전하신 뜻이 무엇인지 분별하도록 하라"(롬 12:1-2).

가정을 가진 부모라면 누구든지 가정을 명문가로 세우고 싶어 한다. 하지만 그것이 인간의 생각대로 이루어지는 일은 아니다. 몇 명

안 되는 가족이 하나 되는 일이 그렇게 만만치 않다. 한두 명 자녀를 양육하는 것도 결코 쉬운 일이 아니다. 인간은 자기 생각과 자기 욕심이 가득하기에 자녀들이 사춘기에 접어들면 부모에게 불순종하는 모습을 자주 보게 된다. 그래서 부모들은 자녀를 키우는 일을 버거워한다. 부모의 생각처럼 자녀들이 잘 자라주는 것은 아니다.

자녀들로 인하여 마음 아파하는 부모가 우리 주위에는 많다. 갈수록 자녀와의 대화가 줄어들거나 심지어 단절된 부모들을 보게 된다. 대화를 하고 싶어도 서로 소통이 어렵거나 얼굴을 마주하기도 힘든 가정이 늘어나고 있다. 세상이 세속화되면서 그 세속화의 물결이 가정에까지 밀려와 뒤덮고 있기 때문이다.

이런 가운데 가정을 신앙의 명문가로 세운다는 것은 꿈같은 이야기로 들릴 수 있다. 하지만 그럴수록 하나님 앞에 엎드려 하나님께 도움을 구해야 한다. 기도하는 가정은 망하지 않는다. 설령 자녀들이 세상으로 나간다 해도 기도하는 부모가 있는 한 자녀는 결국 하나님 앞으로 돌아오게 된다. 아무리 세상이 강해도 하나님을 이길 수 없다. 신앙의 명문가는 사람이 아닌 하나님이 만드신다. 기도하는 남편과 기도하는 가정을 통해서 이루어가신다.

하나님은 오래전에 가정이 축복받고 명문가로 세우는 길을 알려주셨다. 가정이 하나님의 축복을 받는 방법은 오직 하나님의 말씀을 지켜 행하는 것뿐이다. 말씀을 지켜 행하는 가정에 복을 주시는 것은 하나님의 공의로운 창조법칙에 따른 것이다. 그렇기에 가정을 신앙의 명문가로 세우고 싶다면 가장 먼저 말씀을 기초로 기도하는 가정이 되어야 한다.

남편의 기도는 이 일을 이루는 희생의 씨앗과도 같다. 열매는 희생을 전제로 이루어진다. 가정을 신앙의 명문가로 세우겠다는 비전을 품고 남편이 지속적으로 기도한다면 하나님이 반드시 이루어주실 것이다. 착한 일을 시작하신 분도 하나님이시고 이루시는 분도 하나님이기 때문이다. 신앙의 명문가를 세우는 비결은 말씀을 지켜 행하는 것이다.

> "오늘 네 하나님 여호와께서 이 규례와 법도를 행하라고 네게 명령하시나니 그런즉 너는 마음을 다하고 뜻을 다하여 지켜 행하라. 네가 오늘 여호와를 네 하나님으로 인정하고 또 그 도를 행하고 그의 규례와 명령과 법도를 지키며 그의 소리를 들으라. 여호와께서도 네게 말씀하신 대로 오늘 너를 그의 보배로운 백성이 되게 하시고 그의 모든 명령을 지키라 확언하셨느니라. 그런즉 여호와께서 너를 그 지으신 모든 민족 위에 뛰어나게 하사 찬송과 명예와 영광을 삼으시고 그가 말씀하신 대로 너를 네 하나님 여호와의 성민이 되게 하시리라"(신 26:16-19).

남편들이여, 아내를 위해
이렇게 기도하라

●
●
●

아내에 대한 성경적인
이해를 가지고 기도하라

하나님은 남자를 만드신 후에 "사람이 혼자 사는 것이
좋지 아니하니 내가 그를 위하여 돕는 배필을 지으리라"(창 2:18)고
말씀하셨다. 그리고 아담을 깊게 잠들게 하신 후에 그 갈빗대를 하
나 취하여 살로 대신 채우고, 갈빗대로 여자를 만들어 아담에게로
이끌어 오셨다. 이때 아담이 처음으로 말을 한다.

"이는 내 뼈 중의 뼈요 살 중의 살이라. 이것을 남자에게서 취하였은즉 여자라 부르리라"(창 2:23).

이때부터 여자가 시작되었다. 여자는 히브리어로 '이솨'인데 이것은 '남자'를 뜻하는 '이쉬'(창 2:24, 참조 민 5:6)에서 파생된 말이다. 여기서 여자란 남자와 구별된 존재임을 강조하는 이성을 말하는 '네케바'(창 1:27)와는 다르다. 여자의 본질적인 측면에서 보면 여자는 남자에게서 시작된 존재를 강조하고 있다.

성경적으로 볼 때 아내는 남편과 한몸이다. 남편의 몸에서 여자가 나왔기에 여자는 남편을 존중하고 복종하는 것이 하나님의 질서이다. 이것은 높고 낮음과 같은 서로를 비교하는 의미가 아니다. 남자와 여자는 한몸이기에 서로 동등한 인격체이다. 다만 질서적인 측면에서 먼저 창조되었고, 그 다음에 창조되었다는 점을 이해해야 한다. 이것을 오해해서 남자는 여자보다 우월하다고 생각하는 것은 잘못된 이해이다. 그래서 이런 오해를 풀기 위해서 성경은 먼저 된 자가 나중 되고 나중 된 자가 먼저 될 수 있음을 말한다.

남자와 여자의 이해는 남편과 아내의 이해와 바로 연결된다. 이런 점에서 성의 정체성을 잘 이해하는 게 필요하다. 대부분의 사람들은 서로 다른 성으로서 남자와 여자를 이해한다. 하지만 그것만으로는 성경적인 의미를 담기 어렵다. 성경은 분명히 여자는 남자에게서 나왔다고 말한다. 서로 다를 뿐 질서를 무시하는 경우가 있다. 그러다 보니 남녀가 동등한 것을 모든 면에서 동등하다고 말한다. 하지만 이것은 질서를 인간의 행위로 정하려고 하는 인본주의 발상이다. 어차피 인간은 죄를 지으면서 동등해질 수 없다. 그것은 구호일 뿐 사람은 누군가에 지배를 받게 되어 있다.

남자와 여자가 동등한 입장에서 질서 없이 존재하는 관계로 규정하려는 시도 자체가 인간적인 생각이다. 정해진 질서가 없다는 것은 결국 물질과 힘과 인간의 행위에 따라 질서가 정해진다는 것을 의미한다. 이것의 뿌리에는 인본주의가 잠재되어 있다. 누구나 동등하지만 실제로는 동등하게 대우를 받기 어려운 것이 인간 세상의 모습이다. 인간은 본질적으로 자기중심적으로 생각하려는 죄가 마음에 내재하고 있다. 이것을 해결하지 않으면 결국 다른 사람을 억누르고 착취해서 지배하려는, 높아지려는 교만으로 나타날 수 있다. 이것에 속으면 안 된다. 이렇게 되면 성(性)조차도 인간의 힘의 논리로 규정하려는 악한 생각이 사회를 지배할 수 있다.

하나님은 왜 여자를 남자의 갈빗대로 만들었을까? 이것이 의미하는 바는 무엇일까? 남자의 몸에서 여자가 나왔다는 것은 남자와 여자가 동일한 인격적인 존재라는 뜻이다. 이것은 인간의 힘이나 노력으로 뒤바꿀 수 없는 하나님이 정하신 원리이다. 하나님이 나를 선택하셨지 내가 하나님을 선택한 게 아닌 것처럼 남편과 아내의 만남도 인간의 선택이 아닌 하나님의 선택으로 이루어진 한몸이다.

하나님이 세우신 질서는 인간의 힘으로 뒤바꿀 수 없는 변함없는 질서이다. 이것은 부모와 자녀와의 관계에서도 마찬가지다. 부모를 통해서 자녀가 태어난 것은 하나님의 창조질서이다. 그런 점에서 자녀는 부모에게 순종해야 하고 아내와 남편은 서로 존중해주어야 한다. 이것이 가정을 세우신 하나님의 창조질서의 핵심이다.

혹시라도 이것을 잘 이해하지 못하는 사람들을 위해서 예화 한 가지를 들어보자. 하나님의 아들이신 예수님이 세상에 오셨다. 예수님은 누구에게도 지배를 당하지 않는 창조질서에서 가장 높으신 분이다. 예수님보다 먼저 존재한 것은 아무것도 없다. 이런 예수님이 세상에 오실 때 인간의 방법이 아니라 창조주로서 혼자 이 땅에 오셨다면 예수님은 결코 인간의 죄를 해결하지 못했을 것이다. 우리를 구원해주지 못하셨을 것이다.

하지만 예수님은 여자의 몸에서 태어나셨다. 물론 남자 없이 성령으로 잉태되었지만 말이다. 우리와 같은 점은 사람의 몸에서 태어나셨다는 것이다. 그렇기에 예수님은 십자가의 죽음으로서 우리 인간의 죄를 대속하실 수 있었다. 예수님은 세상에 계실 때 우리와 같이 부모에게 복종하셨다. 이것은 하나님의 질서에 대한 순종이었다. 이것을 거부했다면 그것은 하나님의 뜻을 거부하는 것이었다. 예수님은 세례 요한에게 세례를 받으셨다. 그렇다고 해서 세례 요한보다 낮은 분이라는 뜻은 아니다. 이렇게 해야 하나님의 뜻을 이룰 수 있다는 예수님의 말씀은 하나님이 세우신 창조질서에 순종한다는 뜻이었다.

여자가 남자의 몸에서 나온 것은 서로 동반자요 서로 필요한 존재라는 점을 말하고자 함이다. 혼자로서는 존재하기 힘든 게 바로 인간이다. 남자가 여자에게서 나왔지만 그 다음은 남자가 아닌 여자를 통해서 인간이 태어난다. 여자 없이는 사람이 태어날 수 없게 하셨다. 여자만이 아이를 낳게 하셨다. 동등한 입장으로 보면 남자도 아이를 낳을 수 있어야 하지만 하나님의 질서는 그렇지 않다. 이런 면에서 동성애를 이해하면 된다.

동성이 결혼하는 것은 인간이 만든 편의상의 질서이다. 인간이 정한 규칙이다. 하나님이 정한 창조질서는 오직 이성과의 결혼을 통해서만 아이를 낳을 수 있게 하셨다. 이 법칙을 거부한다면 동성애는 하나님이 정하신 법칙을 거부하는 것이기에 그 결과를 스스로 감당해야 한다. 그것은 결국 인류를 파괴하는 일이 될 것이다.

정상적이 아닌 병적인 현상으로 생기는 동성애는 인간의 죄로 인하여 나타난 현상이다. 이들을 치료하고 정상적인 질서로 돌아서게 하는 일이 필요하고, 또한 그들을 인간적인 면에서는 존중하고 사랑하며 도와주어야 한다. 하지만 동성애 자체를 정상적인 질서라고 인정하며 결혼까지 허락하는 일은 하나님의 질서를 거역하는 죄이다. 이것을 해결하기 위해서는 기도밖에 다른 길이 없다. 기도를 통해서 비정상적인 관계를 회복하고, 하나님의 질서대로 올바르게 부부관계를 세워나가는 일이 중요하다.

아담이 여자를 보고 처음으로 한 말은 한 편의 시 구절을 연상시킨다. 여자를 다른 말로 표현하면 "내 뼈 중의 뼈요 살 중의 살이라"는 뜻이다. 이 구절은 한마디로 정리하면 하나님이 남자에게 주신 선물인 여자는 바로 자신에게서 나왔다는 선언이다. 짧은 구절이지만 남자와 여자, 남편과 아내가 어떤 존재인지를 보여주는 본질적인 내용이다.

"당신은 내 몸이요 내 뼈입니다." 이것은 하나님께 드리는 찬양이면서, 동시에 처음으로 고백하는 아내에 대한 기도라고 할 수 있다. 남편이 아내를 어떻게 보아야 하는지를 잘 말해주는 내용이면서 하나님이 만드신 여자에 대한 남자의 첫 기도이기도 하다. 기도는 단순히 말이 아닌 하나님 앞에서 내 자신과 인격을 내드리는 믿음이다.

남편과 아내의 관계성을 알고 기도하라

남편의 입장에서 볼 때 아내와의 관계성은 무엇인가? 이것을 정확히 알 때 아내를 위한 기도와 찬송이 저절로 흘러나온다. 기도와 찬송은 자신의 마음과 생각을 표현하는 것이다. "내 뼈 중의 뼈요 살 중의 살이라"는 이 짧은 구절에는 아내에 대한 네 가지 의미가 담겨 있다.

첫째, 아내는 남편과 한몸이다.

남편과 아내가 한몸이라는 것은 본질적으로 남자와 여자는 인격적으로는 아무런 차이가 없다는 의미이다. 남편은 아내를 대할 때 동일한 인격체로 대해야 한다는 뜻이기도 하다. 이것을 놓고 기도해야 한다.

세상적인 기준으로 가부장적인 생각을 갖거나 여자를 비하하는 태도는 합당하지 않다. 아내야말로 존중하며 사랑받아야 하는 존재이다. 물론 이것이 쉽지만은 않다. 남녀가 결혼해서 부부가 되어 한몸을 이룬다고 해도 그것은 육신적인 하나일 뿐이다. 아직 마음과 영혼이 하나 되려면 많은 과정이 필요하다. 서로 다른 생각을 가진 인격적인 존재이기에 아무리 부부라고 해도 생각을 하나로 갖는다는 것은 그리 쉬운 일이 아니다.

결혼은 한몸을 이루어놓고 그 하나 됨을 배워나가는 과정이다. 사실 이것은 평생 해야 하는 과정이다. 인간은 죄성을 가졌기에 자기 생각과 고집이 강하다. 이것을 내려놓기가 어렵다. 남자와 여자가 하나 되는 것은 결혼을 통해 이루어지지 않으면 거의 힘들다. 한몸 된 상황에서 이제 마음과 생각과 영혼까지 하나 됨을 이루어가야 한다. 이것은 인간의 힘으론 불가능하다. 그래서 기도가 필요하고 하나님이 도와주셔야 한다.

　결혼은 이미 한몸을 이루어놓고 영혼과 마음과 생각을 맞추어가는 과정이지만 완성된 상태는 아니다. 부부가 하나 되는 일은 평생의 과정이다. 육신으로 한몸이 되었지만 마음이 하나 되는 것은 많은 시간과 노력이 필요하다. 이제 남편과 아내는 서로 하나 되기 위해서 기도해야 한다. 죄악 된 인간이 인간의 노력으로는 하나 되기는 어렵다. 그렇기에 기도가 절대적으로 필요하다. 하나님의 도움심이 없으면 부부가 하나 되는 일은 결코 이루어질 수 없다.

둘째, 아내는 또 다른 나의 모습이다.

　아내는 누구인가? 서로 하나 되었지만 서로 같은 성(性)이 하나 된 것이 아니라 다른 성이 결혼을 통해 하나를 이룬 것이다. 각자 다른 성을 인정하고 그 안에서 하나가 되었다. 그런 점에서 남편에게서 아내는 또 다른 자신의 모습이다. 자기를 돌아보는 거울과 같다. 나에게 없는 부분을 채워주는 반려자로서 아내를 바라보는 관점이 중요하다.

　남자의 갈빗대를 가지고 여자를 만든 창조 과정은 남자의 부족한 부분이 여자를 통해서 나타나고 그것을 여자가 채워준다는 의미가 있다. 여자와 남자는 서로 상대방을 인정하면서부터 자기가 온전해진다. 남편 없는 아내가 없고 아내 없는 남편이 없다. 이것은 한몸이지만 서로 다른 이성의 모습을 인정하는 것을 뜻한다.

아내를 위해 기도하는 것은 곧 자신을 위해서 기도하는 것이다. 아내가 잘되어야 남편도 잘된다. 둘 중에 누구 하나가 무너지면 결혼생활이 파괴된다. 이렇게 보면 서로 다름을 인정하면서 상대방을 통해 자신의 부족함을 채워가는 것이 부부생활을 잘하는 비결이다. 성경은 아내는 돕는 배필이라고 말한다. 서로 다름을 인정하는 것은 하나님의 창조질서에 한걸음 다가서는 것이고, 상대방을 내 마음대로 조종할 수 없는 인격적인 존재라는 사실을 보여준다. 내가 상대를 마음대로 바꿀 수 없고, 그것을 하나님의 창조질서로 인정하고 받아들임으로써 자기의 부족함을 깨닫는 것이 부부가 온전히 하나 되는 비결이다. 이런 면에서 부부는 하나님이 짝지어주신 평생의 동반자이다.

셋째, 아내는 하나님의 주신 선물이다.

언뜻 보면 내가 선택하여 결혼한 것처럼 생각할 수 있지만 그것은 하나님이 짝지어주신 배우자를 내가 받아들인 것이다. 하나님이 주신 것은 나름대로 의미가 있다. 왜 이런 아내를 주셨는가? 하루아침에 알기는 어렵지만 살면서 아내의 소중함을 발견하게 된다. 물론 마음에 맞지 않는 면도 있을 것이다. 하지만 시간이 지나면서 아내의 가치를 발견하게 된다. 어쩌면 평생 발견하는 것일 수도 있다.

하나님이 주신 아내는 내가 알지 못하는 신비가 담겨 있다. 그 아내를 사랑하며, 아내를 주신 하나님의 관점에서 바라보고, 하나님의 의도를 파악하는 신앙이 필요하다. 선물 보따리를 한꺼번에 풀 수는 없다. 겹겹이 쌓인 포장지를 뜯어내면서 선물이 무엇인지 찾아 가는 시간은 즐겁다. 이처럼 기대감을 가지고 겸손하게 하나님의 의 도를 찾는 과정이 결혼생활이다. 아내는 남편이 갖지 못한 것이 있 다. 그것을 채워주기 위해 하나님은 돕는 배필을 주셨다. 이것은 평 생 동안 발견하는 신비이다. 하루아침에 깨달아지는 게 아닌 숨겨진 보물을 살면서 차츰차츰 발견해가는 것이다. 이런 점에서 결혼은 완 료형이 아닌 계속 배우는 진행형이다.

넷째, 아내는 내 몸처럼 사랑하는 최초의 이웃이다.

아내는 한몸이면서 또 다른 이웃이다. 아내는 최초의 이웃이다. 아내를 사랑하는 것은 이웃 사랑의 시작이다. 하나님은 아내를 통해 서 그것을 배우게 하신다. 처음부터 내가 이웃을 내 몸처럼 사랑할 수는 없다. 하지만 아내를 내 몸처럼 사랑하면서 이웃을 사랑하는 법을 배울 수 있다.

아내는 한몸이지만 헤어지게 되면 완전히 다른 남이 된다. 부부 가 이혼하거나 헤어질 때 보면 언제 한몸이었는지 착각할 정도로 완 전히 다른 사람이 되는 경우를 본다. 이것은 한몸이지만 전혀 다른 이웃이 될 수 있음을 뜻한다. 아내와 한몸이 되게 하면서 이웃을 사 랑하는 법을 터득하게 하는 의미가 담겨 있다. 아담과 하와가 부부 였지만 죄가 들어가자 이들은 서로 다른 사람이 되었다. 자기의 죄를 서로에게 전가하며 탓하는 모습은 부부지만 완전히 다른 사람인 것을 보게 한다. 한몸이면서 또한 이웃인 부부의 모습은 인간이 평생 풀어나가야 하는 어려운 신비임에 틀림없다.

성경이 말하는
남편의 역할을 깨달으라

▶ 아내의 머리되는 남편

"남편이 아내의 머리됨이 그리스도께서 교회의 머리됨과 같음
이니"(엡 5:23).
"각 남자의 머리는 그리스도요 여자의 머리는 남자요 그리스
도의 머리는 하나님이시라"(고전 11:3).

하나님은 남편을 아내의 머리로 창조하셨다. 이것은 차별이 아닌 질서를 말한다. 차등이나 상하의 개념이 아니라 하나님의 질서에 순종한다는 의미다. 남편과 아내는 한몸이다. 남편과 아내는 동등하다. 하지만 동등하다고 해서 무질서를 말하는 것은 아니다. 이런 면에서 남편은 아내의 머리가 된다. 여자를 창조할 때 남자의 갈비뼈로 만들었다는 것은 남자에게서 여자가 나왔다는 것을 말한다. 이것

은 하나님이 만드신 창조질서이다. 이렇게 질서를 만든 것은 인간이 주관자가 아니라 하나님이 부부를 선택하고 주관하신다는 뜻이다.

남편이 머리가 되었다고 해서 우월하다고 생각해서는 안 된다. 오히려 하나님의 질서를 생각하며 하나님께 순종하라는 의미가 담겨 있다. 질서보다 하나님에게 초점을 두면 이 문제는 쉽게 해결된다. 하나님은 질서의 하나님이시기에 가정에서 질서를 유지하는 일은 매우 중요하다. 마치 교회가 그리스도와 한몸이지만 교회의 머리가 그리스도이듯 부부와 가정도 마찬가지다. 이것을 거부하면 거기서부터 문제가 발생하며 인간이 주인되는 가정이 된다. 남편이 우월해서가 아니라 하나님이 질서를 세우셨기에 아내는 남편에게 순종해야 하는 것이다.

▶ 아내를 사랑하는 남편

"남편들아 아내 사랑하기를 그리스도께서 교회를 사랑하시고
그 교회를 위하여 자신을 주심같이 하라"(엡 5:25).

남편은 아내를 사랑해야 하는 존재이다. 자기 몸에서 지음을 받았기에 아내를 내 몸처럼 사랑하는 것은 당연하다. 남편은 아내를 위해 모든 것을 주었다. 존재론적으로 부부는 그렇게 만들어졌다. 아내는 남편의 사랑을 받고 산다. 남편이 아내를 사랑하는 그 힘으

로 아내는 남편에게 순종한다. 부부는 사랑이 서로를 이어준다. 사랑의 구체적인 방법에 대해서는 고린도전서 13장에 잘 나타나 있다. 서로 사랑해야 하지만 남편은 더욱더 아내를 사랑해야 한다. 그리스도께서 교회를 사랑하실 때 피 흘리기까지 사랑하셨다. 교회에 많은 문제가 있었지만 그리스도께서는 그것과 상관없이 사랑하셨다. 그 사랑으로 교회는 주님을 사랑하게 된다.

　마찬가지로 남편이 아내를 얼마나 사랑하느냐에 따라 그 힘으로 아내가 남편을 사랑하며 존경하게 된다. 누가 먼저 사랑하느냐 하는 것은 정해지지 않았지만 질서면에서 보면 남편이 아내를 먼저 사랑하는 것이 맞다. 남편이 아내를 사랑하지 않으면 자기를 내주지 못한다. 아내는 남편의 사랑의 작품이다. 예수 그리스도를 모델로 하여 주님을 닮는 심정으로 아내를 사랑해야 한다. 아내를 사랑하는 것은 곧 자기를 사랑하는 일이다. 남편과 아내는 하나님이 짝지어주신 한몸이기 때문이다.

"이와 같이 남편들도 자기 아내 사랑하기를 자기 자신과 같이 할지니 자기 아내를 사랑하는 자는 자기를 사랑하는 것이라" (엡 5:28).

"그러나 너희도 각각 자기의 아내 사랑하기를 자신같이 하고" (엡 5:33).

"네 이웃을 네 자신같이 사랑하라"(마 22:39).

아내를 사랑하는 것은 주님이 교회를 사랑하는 것과 같다. 남편은 아내를 사랑하면서 주님이 교회를 사랑하는 마음을 읽을 수 있다. 주님처럼 남편은 아내를 사랑하는 법을 배우는 기회로 삼으면 좋을 것이다. 이런 과정을 통해 남편은 한층 성장해가고 주님을 닮게 된다.

결혼을 통해 아내와 한몸으로 출발했다. 남편이 아내를 사랑하는 것은 자기의 노력이 아니다. 하나님이 짝지어주신 아내를 선물로 받아들이면서 아내를 사랑해가는 것이다. 이미 한몸을 만들어놓고 그것을 실천하는 게 부부생활이다. 이것은 하나님이 우리를 먼저 선택하시고 우리는 부름받은 그 사랑으로 다른 사람을 사랑하게 되는 것이다. 다른 이웃은 아무리 친해도 서로 한몸이 되지 못한다. 하지만 아내와의 관계는 다르다. 행위 이전에 존재가 먼저이다. 남편은 아내를 사랑할 때 한몸되게 하신 존재로서 사랑하면 어떤 경우라도 사랑할 수 있다.

▶ 아내를 귀하게 여기는 남편

"그를 더 연약한 그릇이요 또 생명의 은혜를 함께 이어받을 자로 알아 귀히 여기라"(벧전 3:7).

아내는 남편의 돕는 배필로 만드셨다. 둘이 주인이 될 수는 없다. 누군가는 도와주는 역할을 해야 한다. 그 돕는 역할을 여자로 정하셨다. 물론 이것은 문자적인 적용이 아닌 질서에서 이해를 해야 한다. 때로는 남편이 아내를 도울 수 있다. 하지만 하나님의 질서로 보면 여자가 남자를 돕도록 창조하셨다.

여자는 늘 깨지기 쉬운 연약한 그릇이다. 남편은 아내를 지금부터라도 연약한 그릇으로 보고 잘 배려하고 보살피며 소중하게 대해야 한다. 남자보다 여자를 신체적으로 연약하게 만드신 것도 바로 이런 이유 때문이다. 둘 다 강하면 이것은 가정을 어렵게 만드는 요인이 된다. 결혼은 하나님이 세우신 질서이다. 그것을 이해하고 연약한 여자를 잘 받아들여 소중하게 여기는 것이 부부생활을 슬기롭게 하는 비결이다.

▶ 아내를 영생의 유업을 함께할 자로 여기는 남편

"남편들아 이와 같이 지식을 따라 너희 아내와 동거하고"(벧전 3:7).

아내는 단순히 세상에서 잠시 부부로 만나 헤어지는 그런 관계가 아니다. 영원한 생명을 받은 아내는 믿음의 동반자로서 영원히 함께해야 하는 존재이다. 남편은 아내를 세상에서 잠시 육신적인 관계로 이어진 존재로 여겨서는 안 된다. 아내를 영생의 유업을 함께하는 영적인 존재로 생각하고 귀하게 여겨야 한다.

아브라함과 사라는 생명의 유업을 함께하는 자로서 대표적인 모델이다. 아브라함은 사라의 장지를 위해 막벨라 무덤을 구입했다. 그리고 아브라함 자신이 죽을 때도 같이 묻혔다. 부부가 헤브론의 막벨라 굴에 묻힘으로써 영원한 언약으로 하나 되는 모습을 상징적으로 보여준다. 이것은 아브라함과 사라가 평소에 약속을 믿고 함께 살아왔음을 의미한다. 우리도 마찬가지다. 남편과 아내는 생명을 서로 나누는 사이다. 복음을 나누고 말씀과 함께하는 관계로서 남편과 아내는 존재한다. 남편은 아내를 말씀을 공유하고 나누는 동반자로서 존중해야 한다.

▶ 아내를 기도의 동역자로 생각하는 남편

"두 사람이 함께 누우면 따뜻하거니와 한 사람이면 어찌 따뜻하랴. 한 사람이면 패하겠거니와 두 사람이면 맞설 수 있나니 세 겹 줄은 쉽게 끊어지지 아니하느니라"(전 4:11-12).

기도는 혼자서 하려면 힘들다. 기도에도 동반자가 필요하다. 아내는 좋은 기도의 동역자이다. 아내와 사이가 좋지 않으면 기도가 막힌다. 가정에 문제가 생기면 아내와 같이 기도하면서 문제를 해결해야 한다. 그런데 사이가 좋지 않으면 어떻게 될까? "이는 너희 기도가 막히지 아니하게 하려 함이라"(벧전 3:7). 기도에 힘을 얻는 사람으로 아내만큼 좋은 사람은 없다. 기도하는 아내를 위해서는 남편의 기도가 중요하다. 기도하는 남편에 의해 아내가 더 좋은 기도의 동반자가 될 수 있다. 아내를 위한 남편의 기도만큼 아내는 지혜로워지고 좋은 배필이 된다.

　아무런 노력이나 대가없이 좋은 아내가 되는 것은 아니다. 누군가 대신 희생할 때 그 희생의 힘으로 상대방은 성장하고 열매를 맺게 된다. 이렇게 보면 아내를 위해 기도할 사람은 남편밖에 없다. 부부는 서로가 기도하는 존재이다. 기도하는 남편을 통해 기도하는 아내가 세워진다. 함께 기도할 동역자가 있다는 것은 그 자체만으로도 행복한 부부이다. 부부생활은 기도로 만들어가야 한다. 그동안 우리 가정에서 기도는 거의 아내에게 치중되어왔다. 남편의 기도를 중요시하지 않았다. 아니 제외되어졌다는 편이 맞을지도 모르겠다. 지금이라도 남편의 역할을 재인식하면서 기도하는 남편이 많아져야 한다. 남편이 기도할 때 가정이 튼튼히 세워지고 아내와 자녀에게 은혜와 축복이 넘치게 될 것이다.

아버지들이여, 자녀를 위해
이렇게 기도하라

자녀들에게 아버지는 어떤 존재인가?

　　　　　가끔 지하철을 타고가다 보면 아버지와 아들이 같이 앉아 있는 모습을 볼 때가 있다. 그런데 그들의 얼굴을 자세히 보면 거의 판박이다. 얼굴이 거의 닮은 부자를 보면서 하나님의 창조질서가 참으로 신기하다는 느낌을 다시 한번 받게 된다. 자녀는 아버지를 보고 자란다. 누구보다도 아버지가 친근한 이유는 유전자뿐 아니라 외적인 모습이 거의 닮았기 때문이다. 자녀들이 아버지의 모습을 자신도 모르게 따라하는 것은 자연스러운 현상이다. 억지로 노력하지 않아도 그것이 일상에서 편하기 때문에 그렇게 하는 것이다.

그렇다면 왜 아버지와 자녀의 모습이 비슷할까? 물론 유전자가 같기 때문이기도 하지만 그것보다는 자녀들이 아버지를 보고 닮으면서 살아가라는 의미가 더 클 것이다. 물론 좋지 않는 죄도 그대로 닮는 경우도 있다. 그런 점에서 아버지의 행동이 중요하다. 아버지는 자녀들의 본이기 때문이다. 자녀들에게 아버지란 존재는 자기 자신을 돌아보는 본보기이기 때문이다.

자녀들에게 가장 강력한 배움은 부모의 모습을 있는 그대로 보고 닮는 것이다. 집에서 가장 많이 생활하는 부모의 삶은 자녀들에게 그대로 영향을 미친다. 아버지가 어떻게 행동하느냐에 따라 자녀의 삶은 완전히 달라진다. 자녀들이 보고 배우는 아버지의 삶 자체가 가장 좋은 교육이다. 우리는 흔히 아버지의 잔소리로 배운다고 하지만 사실은 아버지의 살아가는 삶 자체가 가장 강력한 교과서이다. 보이는 살아 있는 교과서이다. 이런 점에서 아버지는 자녀들에게 매우 중요한 존재이다.

자녀들의 행동을 보면 자라면서 가정에서 본대로 행동하는 경우가 많다. 어딘지 모르게 부모를 통해, 특히 아버지에게서 본 그대로 자기도 모르게 행동하는 것을 보게 된다. 당장은 아닐지라도 언젠가는 자녀들의 삶에 큰 영향을 미친다.

평생을 자녀 교육에 열정을 바친 미국의 교육가이자 시인인 도로시 노 놀테의 시 중에 "아이들은 자라고 있는 삶 속에서 배운다"

라는 시가 있다. 그 내용 중에 이런 부분이 나온다.

만일 아이가
비판 속에서 자라면 비난하는 걸 배우고,
적대감 속에서 자라면 싸우는 걸 배우고,
두려움 속에서 자라면 그 아이는 걱정부터 배운다.

만일 아이가
동정을 받고 자라면 자신에 대해 슬퍼하는 걸 배우고,
질투 속에서 자라면 시기심을 배우며,
수치심 속에서 자라면 그 아이는 죄책감부터 배운다.

만일 아이가
참을성 있는 부모 밑에서 자라면 인내심을 배우고,
격려 속에서 자라면 자신감을 배우며,
칭찬 속에서 자라면 그 아이는 감사하는 법을 배운다.

만일 아이가
무엇이든지 허용되는 분위기 속에서 자라면
세상을 사랑하는 법을 배우고,
자신이 받아들여지는 환경 속에서 자라면

스스로를 좋아하는 법을 배우며,
인정을 받으며 자라면
그 아이는 분명한 삶의 목표를 배운다.

만일 아이가
나누는 걸 보며 자라면
자비로운 마음을 배울 것이고,
정직함과 공정함 속에서 자라면
진리와 정의가 무엇인가를 배우며,
다정한 분위기 속에서 자라면
세상이 살아갈 만한 멋진 곳임을 배운다.
그리고 평화로움 속에서 자라면
그 아이는 마음의 평화를 배울 것이다.

아버지의 역할은
주님을 본받는 데 있다

　　　　가정에서 아버지는 어떤 위치에 있는가? 그것을 한마디로 표현한다면 가정에서 아버지는 주님을 닮아가는 모습을 자녀들에게 보여주는 데 있다고 할 수 있다. 왜냐하면 자녀들은 아버지를 보고 그대로 살아가기 때문이다. 아버지는 주님의 모습을 닮아가도록 힘써야 한다. 그러면 자녀들은 아버지를 보고 주님을 닮게 된다. 자녀들은 주님을 잘 모른다. 영이신 주님을 보지 못하고 이해하기도 어렵다. 하지만 부모를 통해서 주님을 볼 수는 있다. 아버지는 주님을 보여주는 거울과 같다. 이와 관련해서 사도 바울은 이런 말을 했다.

"내가 그리스도를 본받는 자가 된 것같이 너희는 나를 본받는 자가 되라"(고전 11:1).

이것은 그리스도인이 세상 속에서 어떻게 살아야 하는지를 가르쳐준다. 세상에서 그리스도인의 역할은 세상 사람들에게 빛을 비추는 것이다. 세상 사람들은 그리스도인을 보고 그리스도인이 믿는 예수님을 보게 된다. 그리스도인은 세상에서 예수님의 본을 보여주는 존재이다.

마찬가지로 아버지는 가정에서 하나님을 경외하고 기도하는 모습을 통해 자녀들에게 하나님의 존재를 증거하게 된다. 아버지가 믿는 믿음의 행동을 보고 자녀들은 하나님을 느끼게 되고 살아계신 하나님을 만나게 된다. 또한 아버지는 가정에서 예수님을 만나게 해주는 매개체 역할을 해야 한다. 가정에서 자녀를 제자 삼는 가장 좋은 방법은 부모가 예수님의 말씀대로 묵묵히 믿음의 삶을 살아가는 것이다. 그러다 보면 어느새 자녀들은 부모의 삶을 보고 그대로 따라

하게 된다. 이보다 더 강력한 자녀 교육 방법은 없다.

이방 땅 모압에서 살았던 나오미와 룻은 남편을 모두 잃고 어려운 생활 때문에 모국인 이스라엘로 다시 돌아갈 것을 결정한다. 이때 이방여인인 룻은 시어머니 나오미를 따라나선다. 시어머니의 만류에게도 불구하고 룻은 시어머니의 나라인 이스라엘에 따라가기로 한다.

그렇다면 룻이 시어머니의 하나님을 나의 하나님으로 믿고 따르게 한 요인은 무엇일까? 성경에는 자세히 나와 있지 않지만 모압에서 지낸 10여 년의 기간은 룻에게는 시어머니 나오미의 신앙을 본받은 과정이었을 것이다. 그러다 보니 자연스럽게 몸에 밴 룻의 신앙은 결국 민족과 가족보다는 시어머니 나오미의 신앙을 선택했다고 볼 수 있다. 얼마나 강력한 본을 보았으면 이런 결단이 가능했을까 하는 생각마저 든다. 한 사람의 성숙한 믿음은 그 자체로 많은 사람을 따르게 하고 주님을 믿게 만든다. 이처럼 가정에서 아버지가 보여주는 믿음의 삶은 가정과 자녀를 변화시키는 근원이 되고 보이지 않는 강력한 힘을 발휘한다.

자녀는 기도하는 아버지를 보고 기도한다

기도는 실천이다. 기도는 말로 배우는 것이 아니라 기도하는 모습을 보면서 배운다. 기도는 기도를 통해서 가장 잘 배운다. 언어를 배우는 과정을 보면 아무리 언어에 대한 이론과 문법과 단어를 배우고 외워도, 막상 외국인과 대화를 나누려면 어렵다. 우리가 영어를 배울 때 이런 현상을 자주 겪는다. 왜 그럴까? 왜 이런 현상이 나타나는 것일까? 언어를 배울 때 처음부터 대화를 나누듯 말로 시작해야 하는데, 그것을 책을 통해 지식으로 먼저 배우다 보니 이런 문제가 발생하는 것이다. 기도는 영적 언어이다. 기도야말로 보이지 않는 하나님과의 대화로 교제를 나누는 것인데, 이것을 배우는 가장 좋은 방법은 말로써 기도하는 것이다.

기도를 따라하다 보면 기도가 저절로 된다. 처음에 어떻게 기도할지 몰라 막막하다면 좋은 기도문을 가지고 기도해보는 것이 좋다. 그렇게 따라하다 보면 자신도 모르게 어느새 저절로 기도하는 자신을 발견하게 될 것이다. 기도는 기도를 통해서 배운다. 말을 하다 보면 말하는 법을 터득하게 되는 것처럼 기도를 하다 보면 기도가 된다.

또한 기도하는 사람을 따라하면 기도하게 된다. 기도하는 모습을 보면 나도 기도하고 싶어지고 어느새 나도 기도하는 사람이 된다. 기도는 기도로 가장 잘 배우는 법이다. 이처럼 아버지가 자녀에게 기도를 가르치고 싶다면 말로 기도하라는 권면도 필요하지만, 먼저 자신이 기도하는 모습을 자녀들에게 보여주고 기도하는 아버지로 각인시키는 것이 중요하다. 이보다 더 강력한 가르침은 없다.

기도는 하나님께 엎드리는 일이다. 어려울 때 낙심하지 않고 기도하는 모습을 자녀에게 보여준다면 자녀도 그 모습을 보고 힘들 때 자연스럽게 하나님께 나아가 기도하게 된다. 아버지가 기도하는 삶 자체가 자녀들에게는 살아 있는 기도 교과서다. 자신은 기도하지 않으면서 자녀에게 기도하라고 하면 그것은 바리새인과 같은 모습이다. 오히려 위선적인 모습에 실망하고 신앙을 거부할 수도 있다. 하지만 아버지가 기도하는 사람으로서 본을 보이면 자녀는 자연스럽게 따라서 기도하는 신앙인으로 자라게 된다.

자녀들은 부모를 늘 보고 자란다. 안 보는 것 같아도 부모의 일거수일투족 모든 것을 응시하고 있다. 부모가 자녀를 바라보듯 자녀들도 부모를 늘 지켜보고 있다. 특히 아버지는 가정의 책임자이기에 늘 아버지가 무엇을 하는지 관심을 가지고 본다. 다양한 삶을 살면서 아버지는 어떻게 행동하는지 그것을 보고 그대로 따라한다. 쉬지 않고 기도하는 아버지의 모습은 자녀들이 볼 수 있는 가장 아름다운 모습이다. 자신의 부족함을 인식하고 늘 겸손하게 하나님의 도움을 구하는 아버지의 모습은 자녀들 마음속에 깊이 각인되어 살아 움직일 것이다.

아버지가 기도한다는 것은 그 자체로 많은 의미를 담고 있다. 아버지를 인도하시는 분이 살아계신 하나님이심을 몸으로 보여주는 것이다. 아버지가 혼자 힘으로 사는 게 아니라 하나님과 동행하는 삶을 기도를 통해 자녀들에게 말한다는 점에서 기도는 최고의 교육이다. 자녀들은 기도하는 아버지를 보고 하나님이 살아계신다는 것을 자연스럽게 터득하게 된다. 어려움을 이기는 지혜가 기도를 통해 온다는 사실도 아버지의 기도하는 모습으로 배우고 깨닫게 된다. 기도는 강요한다고 되는 게 아니다. 기도하는 아버지를 보고 자연스럽게 따라하게 되는 것이다.

이렇게 보면 아버지의 기도하는 그 자체가 지금 자녀에게 기도를 가르치는 살아 있는 교육인 셈이다. 굳이 말을 하지 않아도 기도하는 그 모습 자체로 자녀들은 기도를 배우게 된다. 그렇게 시간이 흐르다 보면 자녀들도 아버지처럼 기도하는 신앙인이 될 것이다. 많은 아버지가 이런 기도의 숨은 비밀을 잘 모른다. 이것이 아버지가 왜 기도해야 하는지에 대한 중요한 이유이기도 하다. 아버지들이여, 아버지가 엎드리고 하나님께 간구하는 기도 그 자체가 자녀들에게 훨씬 위력 있고 더 크게 작용하는 산교육이라는 사실을 잊지 말아야 한다.

'자녀는 아버지를 보고 자란다'

자녀는 아버지를 보고 자란다.
아버지가 원망하면 자녀는 자라면서 원망을 배우고
아버지가 화를 내면 자녀는 자라면서 화내는 것을 배우며
아버지가 거짓을 말하면 자녀는 자라면서 거짓말을 배운다.

자녀는 아버지를 보고 자란다.
아버지가 남을 비판하면
자녀는 자라면서 비판하는 것을 배우고
아버지가 사소한 것에도 시기하고 미워하면
자녀는 자라면서 사소한 것에도 비난하고
시기하는 것을 배운다.

자녀는 아버지를 보고 자란다.
아버지가 늘 걱정과 염려를 하면
자녀는 자라면서 걱정과 염려하는 법을 배우고
아버지가 싸움과 모략과 사람의 눈치를 보는 삶을 살면
자녀는 자라면서 위기에 처할 때 모략하며
쉽게 가는 길을 선택하고 사람의 눈치를 보는 법을 배운다.

자녀는 아버지를 보고 자란다.
아버지가 기도하지 않고 미리 걱정하면서 사람을 의지하면
자녀는 자라면서 기도하기보다
걱정과 염려하며 사람을 의지하는 법을 배운다.

자녀는 아버지를 보고 자란다.
아버지가 기도하는 것을 보고 들으면

자녀는 자라면서 기도하며 사는 법을 배운다.
아버지가 이해하지 못할 어려움을 당해도
감사하며 찬송하는 것을 보면
자녀는 자라면서 이해 못하는 일이 닥쳐도
감사하며 찬양하는 법을 배운다.

자녀는 아버지를 보고 자란다.
아버지가 억울한 일을 당해도 남을 미워하지 않고
하나님을 신뢰하면서 참는 것을 보면
자녀는 자라면서 비난과 억울한 일을 당해도
하나님의 공의를 믿고 최선을 다하는 삶을 배운다.

아버지의 기도는
가정의 질서를 세운다

가정을 바르게 세워가는 것은 쉬운 일이 아니다. 살면서 생각지도 않은 일들이 늘 닥치기 때문이다. 경제적인 문제와 자녀 교육, 부부 관계 등 쉬지 않는 고난이 가정을 뒤덮는다. 이것은 아무도 예측할 수 없는 일로 누구에게나 닥칠 수 있다. 인생은 바람이 쉬지 않는 삶이다. 가정도 마찬가지다. 자기 혼자 사는 일도 이와 같이 힘든데 자녀와 더불어 3~5명이 함께 가정을 이루어간다는 것은 결코 쉬운 일이 아니다. 이런 어려움을 극복하지 못하면 갈수록 무너지는 가정이 늘어날 것이다.

특히 아버지가 역할을 다하면서 가정을 세워가는 것은 혼자 힘으론 어렵다. 아버지의 권위는 경제적인 능력의 여부에 따라 달라진다. 그러다 보니 아버지의 책임이 크다. 자칫 아버지의 권위가 사라지면서 아버지의 자존감이 하락할 가능성이 높다. 이런저런 생각을 하면 갈수록 가정에서 아버지의 권위를 유지하는 일이 쉽지 않다. 특히 세상이 물질적으로 변화되면서 아버지의 역할이 경제적인 능력과 비례하는 모습이 점차 많아지고 있다. 이것은 인간의 힘으로 한계가 있기 때문이다.

그렇다면 무엇으로 아버지의 권위를 지키면서 가정을 바르게 세워나갈 수 있을까? 싫든 좋든 하나님은 아버지를 가정의 대표자로 세우셨다. 아버지는 가정의 대표자로 자리를 지켜야 가정이 안정된다. 이것을 이루기 위해 필요한 것이 바로 기도이다. 기도하는 아버지는 설령 다른 것이 조금 부족하다 해도 기도를 통해 아버지의 권위를 부여받을 수 있다.

기도보다 더 큰 권위는 없다. 기도는 하나님의 권위를 구하는 것이다. 연약한 아버지가 할 수 있는 놀라운 도구이다. 기도하는 아버지는 약하지만 강한 아버지다. 인간이 할 수 없지만 기도하면 불가능을 가능하게 만들 수 있다. 기도하면 능치 못할 일이 없다. 기도야말로 아버지의 권위를 갖게 하는 힘이다. 기도하는 아버지는 약하지 않다. 기도하는 아버지의 권위는 기도로 힘을 부여받는다. 자녀를 위해 기도하는 아버지의 축복이야말로 자녀에게 최고의 선물이다.

가정의 대표자인 아버지에게 주신 하나님의 특권이 있다. 그것은 바로 기도이다. 누구든지 기도를 통해 가정을 세울 수 있다. 그런데 많은 아버지가 이런 특권을 사용하지 못하고 힘들어한다. 하나님이 주신 위대한 특권을 그동안 자신이 잊고 있지는 않았는지 점검할 필요가 있다. 기도는 하나님이 선물로 주신 복음이다. 구하면 주시고 찾으면 찾고 두드리면 열린다. 기도하면 이루어주신다.

하나님 아버지의 이름을 의지하여 기도하면 풍성하게 주신다고 약속하셨다. 그렇다면 아버지가 가장의 역할을 감당하기 위해서는 기도의 지성소에 들어가 기도하는 아버지로서 자리를 잡아야 한다. 이것은 누구나 가능하다. 기도하는 아버지를 통해 하나님이 가정을 세우실 것이다. 아버지가 가정을 스스로 책임지려면 힘들다. 가정의 주인은 아버지가 아니라 하나님이기 때문이다. 하나님이 아버지를 가정의 청지기로 세운 것은 하나님을 통해 아버지에게 힘을 부여하신 것이다. 이 원리를 이해하지 못하는 아버지가 너무나 많다. 눈에 보이는 것으로 아버지의 권위를 찾으려 하면 점점 더 어려워진다. 하지만 기도하는 아버지의 모습으로 가정을 리드해 나간다면 좋은 가정을 세울 수 있다.

이런 점에서 기도하는 아버지 상을 회복해야 한다. 우리는 흔히 아버지의 기도보다 어머니의 기도를 그린다. 아버지의 기도 모습은 익숙하지 않다. 하지만 그렇지 않다. 성경을 보면 기도하는 아버지의 모습이 많이 나온다. 족장 이야기는 아버지의 기도 장면으로 가득 차 있다. 하나님과 친밀하게 대화하며 교제하는 족장들의 모습은 아버지의 위치와 역할을 잘 보여준다. 가정의 대표자인 아버지가 하나님께 기도하지 않으면 가정에 하나님의 축복이 임하기 어렵다.

자녀 양육을 비롯한 가정의 많은 문제를 주인이신 하나님께 다가가 아뢰며 하나님의 도움을 구한다면 하나님은 흔쾌히 도와주신다. 하나님은 질서의 하나님이시다. 아버지가 움직여야 하나님이 역사하신다. 그런데 지금 우리의 아버지들은 기도하지 않는다. 왜 그럴까? 직장생활 등 이런저런 핑계로 힘들고 시간이 없다고들 한다. 과연 그럴까? 자신을 한번 돌아보기 바란다. 가정이 올바로 서기 위해서는 아버지의 기도가 필요하다. 가정의 문제를 한아름 싸들고 하나님께 엎드리는 아버지의 모습은 가족들에게 감동을 줄 뿐만 아니라 자녀들에게 산교육의 현장이 된다.

아버지의 기도는
하나님의 축복의 통로이다

하나님은 가정의 제사장으로서 아버지를 세우셨다. 왜

그랬을까? 그것은 아버지를 통해 하나님의 언약을 이어가는 사명이다. 가정은 언약으로 세워진 언약공동체이다. 부부가 결혼하는 것은 언약을 통해서다. 부부는 서로 맺은 언약을 서로 지키면서 부부의 도를 다한다. 부부를 통해 가정이 세워진다. 그렇지만 가정은 부부의 결합만 있는 것이 아니다. 부부는 하나님이 짝지어준 언약의 만남이다. 그중에서 남편 된 아버지는 가정의 언약을 이어가는 위치에 있다. 가문은 아버지를 통해 이어진다. 아버지의 이름을 따라 가정이 형성된다. 그것은 언약을 이어간다는 의미도 있다.

아브라함의 약속을 이삭과 야곱으로 이어가는 것처럼 가정은 아버지를 통해 자자손손 이어가게 된다. 그 핵심은 하나님의 언약이다. 바통을 이어가는 릴레이 주자처럼 아버지의 믿음이 믿음의 가문으로 성장하게 한다. 아버지는 가문의 연결고리다. 아버지는 언약을 이어주는 주자와 같다. 그래서 성경은 복의 통로로서 믿음의 족장을 세웠다. 족장은 아버지로서 다음세대를 이어주는 대표주자다. 아버지는 자녀에게 하나님의 복을 이어주는 사람이다. 그것은 아버지 자신의 복이 아닌 하나님의 복을 아브라함을 통해 이어가는 것이다. 아버지는 이런 면에서 하나님의 축복을 받는 통로이다.

구약의 족장들을 보면 아버지를 통해서 주시는 하나님의 복을 얻기 위해 노력하는 것을 보게 된다. 이삭이 주는 축복을 얻기 위해 야곱은 에서에게 팥죽을 주고 장자의 명분을 받는다. 그리고 형으로 위장하여 아버지에게 축복을 받는다. 이것은 아버지를 통해 임하는 하나님의 축복이 얼마나 중요한지를 보여준다. 아버지를 통해 주시는 하나님의 복을 사모하고 그 축복의 대리자인 아버지를 소중하게 여기는 모습을 보게 된다.

이것은 지금 우리에게도 여전히 적용된다. 하나님의 복을 이어가는 제사장과 같은 아버지에게 주목하는 이유이다. 이렇게 보면 아버지의 역할이 중요하고 아버지의 기도는 결정적이다. 아버지의 축복기도를 받는다는 것은 하나님의 복이 임한다는 의미가 있다. 아버지는 자기 의지대로 기도하는 것이 아니라 하나님의 도구로서 기도하는 것이다. 그렇기에 자기 생각대로가 아니라 하나님의 뜻대로 기도하는 것이 중요하다.

아버지는 축복기도를 자녀에게 아낌없이 해야 한다. 물론 기도한다고 모든 자녀가 받아들이는 것은 아니다. 중요한 점은 자녀가 아버지의 축복을 사모하는 것이 필요하다. 자녀들은 아버지의 축복기도를 먹고 자란다. 이것의 유익은 아버지를 통해 하나님의 복이 주어진다는 점이다. 하나님은 사람을 통해 축복을 주신다. 이것이 성경의 원리이다. 그런 이유로 주님은 제자들에게 어느 집에 들어가든지 나올 때는 저주하지 말고 축복하라고 말씀하셨다. 그리스도인은 축복을 전하는 사람들이다. 그리스도인 자체는 이미 복을 받은 사람이다. 그리스도인이 가는 곳은 축복을 전하는 곳이요 그리스도인은 만나는 사람에게 축복을 나누어주는 사람이다.

하나님께 축복받은 요셉은 가는 곳마다 축복을 주는 존재였다.

그가 머문 보디발의 집에는 하나님의 형통하심이 임했다. 그가 바로의 총리가 되면서 애굽은 흉년을 이기고 축복의 나라가 되었다. 애굽은 요셉으로 인하여 어려움을 극복하고 세계 최강 제국이 되었다. 하지만 요셉이 죽으면서 애굽에서 하나님의 복도 사라졌다. 이것은 아브라함을 복의 근원이 되게 함으로써 그가 축복하는 자는 복을 받게 하신 하나님의 언약 때문이다. 이것이 하나님께서 축복을 주시는 원리이다.

가정의 축복은 아버지를 보면 알 수 있다. 아버지가 얼마나 축복의 사람인지, 아버지가 얼마나 축복의 말과 기도를 하는지 보면 그 가정의 축복의 모습을 알 수 있다. 그런 이유로 부모를 공경하고 순종하는 자녀에게 하나님이 복을 주신다. 이것은 아버지의 역할이 얼마나 중요한지 잘 보여주는 대목이다.

"네 부모를 공경하라. 그리하면 네 하나님 여호와가 네게 준 땅에서 네 생명이 길리라"(출 20:12).

자녀는 아버지를 통해 하나님을 깨닫는다

자녀에게 아버지는 하나님을 배우는 거울이다. 영이신

하나님은 보이지 않기에 하나님의 마음이 어떤지를 느끼기 쉽지 않다. 우리를 창조하시고 세상을 만드신 하나님의 마음을 아는 것은 성경을 통해서 알 수 있지만 실제로 하나님의 성품과 모습을 경험하기란 쉽지 않다. 그런데 보이지 않는 하나님을 배울 수 있는 통로가 있다. 바로 아버지를 통해서다. 아버지의 마음과 생각을 보면 어느 정도 하나님의 모습을 읽을 수 있다. 그것은 나를 낳아준 사람만이 행할 수 있는 모습이다.

아버지를 대하다 보면 하나님을 어느 정도 이해할 수 있고 느낄 수 있다. 이것은 자녀가 아무리 노력해도 따라갈 수 없는 모습이다. 그것은 본질적으로 자녀보다 선재하는 특별한 마음이다. 경험과 감정보다 피로 움직이는 사랑의 마음이다. 이것을 연결하는 성경 이야기가 있다. 그것은 누가복음 15장에 나오는 돌아온 탕자의 비유이다. 예수님이 말씀하신 탕자와 아버지 이야기 속에는 아버지의 마음이 잘 표현되어 있고, 그것은 곧 하나님의 마음과 연결하고 있다.

아버지가 존재하고 아버지의 사랑을 받는 것은 하나님을 배우는 좋은 기회이다. 아버지를 통해서 하나님을 배우는 좋은 기회이다. 이런 면에서 아버지가 자녀를 어떻게 대하는지는 매우 중요하다. 좋은 아버지가 되기 위해서는 먼저 하나님과의 만남을 통해 하나님을 알아가는 것이 필요하다. 아버지는 여전히 죄악 된 모습이고 하나님의 성품을 드러내지 못할 수도 있기 때문이다.

이스라엘 왕들을 보면 선한 왕보다 악한 왕이 더 많았다. 왜 그럴까? 인간의 타락된 성품이 있기에 그것에 사로잡히면 악한 아버지가 된다. 이스라엘 역사가 그것을 증명해준다. 악한 아버지를 보고 자란 자녀는 악하게 될 가능성이 높다. 물론 악한 아버지가 낳은 아들이 선한 왕인 경우도 있다. 이렇게 보면 자녀를 양육하는 일은 인간의 힘으로 잘되지 않는 것 같다. 하나님의 돌보심이 무엇보다도 중요한 이유이다. 전적인 하나님의 은혜가 필요하고 가장으로서 아버지가 최선을 다하는 모습이 중요하다.

자칫 아버지가 가정의 주인처럼 행동하는 것은 위험하다. 아버지 역시 피조물이고 여전히 악한 성품이 있다. 이것을 인정한다면 날마다 주님을 닮기 위해 노력해야 한다. 아버지의 모습은 자녀에게 직접적으로 영향을 미치기에 주님을 닮기 위해 매 순간 노력하는 아버지의 모습은 자녀에게 좋은 본보기가 된다.

그렇다면 자녀에게 본이 되는 아버지의 모습은 무엇일까? 그것은 하나님을 인정하고, 날마다 하나님을 신뢰하며, 말씀대로 순종하려는 자세를 견지하는 것이다. 설령 부족한 부분이 아버지에게 나타난다 해도 하나님께 돌아서고 회개하는 모습이 필요하다. 그것이 아버지보다 위대하신 하나님을 드러내는 방법이다. 아버지는 자신을 드러내는 것이 아니다. 아버지의 권위는 아버지를 만드신 하나님을 높이는 것에 있다. 아버지의 권위는 그것을 통해 세워진다. 하나님과 교제하며 주님을 닮으려고 힘쓰는 아버지의 모습이야말로 자녀에게 줄 수 있는 최고의 선물이다.

아버지가 가정을 보호하는 가장 큰 힘은 기도에 있다. 아버지가 얼마나 하나님께 기도하느냐가 가정을 지키는 힘이다. 이것이 아버지의 기도가 필요한 이유이다. 세상 아버지들은 자기 힘으로 가정을 지키려다가 어려우면 실망하고 가정이 해체되는 경우가 잦다. 결국 하나님이 도와주시지 않으면 가정을 든든하게 세우기 어렵다. 이런 점에서 기도하는 아버지가 가장 큰 힘이 된다. 기도를 통해 하나님의 지혜를 구하는 것이 시급하다. 기도하는 아버지를 통해 가정이 온전히 세워지며 축복이 넘치는 가정이 된다.

"여호와께서 집을 세우지 아니하시면 세우는 자의 수고가 헛되며 여호와께서 성을 지키지 아니하시면 파수꾼의 깨어 있음이 헛되도다"(시 127:1).
"나의 생전에 여호와를 찬양하며 나의 평생에 내 하나님을 찬송하리로다. 귀인들을 의지하지 말며 도울 힘이 없는 인생도 의지하지 말지니 그의 호흡이 끊어지면 흙으로 돌아가서 그 날에 그의 생각이 소멸하리로다. 야곱의 하나님을 자기의 도움으로 삼으며 여호와 자기 하나님에게 자기의 소망을 두는 자는 복이 있도다"(시 146:2-5).

아버지는 축복기도를

자녀에게 아낌없이 해야 한다.

아버지의 축복기도를 받는다는 것은

하나님의 복이 임한다는 의미가 있다.

P·a·r·t·2
·
·
·

믿음의
명문家를 세우는
남편의 축복기도문

"주여, 기도하기는
하루를 살아갈 때 내 안에 계신
주님을 늘 느끼게 하소서."

1

하나님을
신뢰하는
믿음의 기도

하나님 한 분으로 만족하게 하소서

세상을 창조하신 하나님!
우리의 만족은 하나님 한 분밖에 없습니다.
주님의 사랑을 받고 살아온 은혜를 기억하며
앞으로도 주님이 이끌어주실 줄 믿습니다.
인생을 살다보면 어려운 일들이 생깁니다.
특히 예상하지 못한 일을 만날 때 당황하지 말고
모든 것의 근원이신 주님을 바라보게 하소서.

인생은 수고로운 삶입니다.
죄 가운데 살고 있는 인간에게
고난과 수고는 당연한 일입니다.
수고와 어려움을 통해서
이것을 주관하고 계시는 하나님을 바라보게 하소서.
세상에서 아무리 어려운 일을 당해도
주님의 능력 안에 있으면
능히 이길 수 있음을 믿게 하소서.

세상이 아무리 즐겁고 화려해도
그것은 잠시 있다 사라집니다.
풀처럼 사라질 인생을 의지하지 말고
우리를 구원하신 주님을 바라보게 하소서.
주님 안에 모든 것이 다 있음을 알고
주님 한 분만으로 만족하게 하소서.
세상에서 의지할 분은 오직 주님뿐입니다.
나를 만들고 인도하시고
마지막까지 나를 받아주시는 분은 오직 주님뿐입니다.

주여, 기도하기는
주님 한 분으로 만족하는 비결을 터득하게 하소서.
내가 바라고 소망하는 것이 주님 안에 들어 있고
그 속에서 창조 됨을 믿게 하소서
예수님의 이름으로 기도합니다. 아멘.

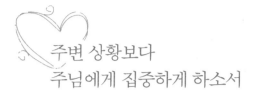

주변 상황보다
주님에게 집중하게 하소서

만복의 근원이신 하나님!
모든 것은 시작과 끝이 있습니다.
주님은 나의 시작이며 마지막이십니다.
모든 일의 시작은 내가 아닌 주님입니다.
선한 일을 시작하신 분이 하나님이시기에
그 일을 마치신 분도 하나님이심을 믿습니다.

내가 이루는 것이 아니라 내 안에 계신 주님이
모든 일을 이루심을 신뢰하고
나는 오직 주님이 이끄시는 대로 따라가게 하소서.
나의 인생에서 푯대는 오직 주님이심을 믿고
다른 곳에 마음을 두지 말고
오직 주님만 바라보면서 살게 하소서.

주변 사람들이 나를 버리고 힘들게 해도
주님은 나를 버리지 않으십니다.

설령 내가 약속을 어기고 하나님을 떠나 살지라도
하나님은 나를 끝까지 붙들고 주목하고 계십니다.
내가 주님을 외면해도 주님은 나를 주목하고 계십니다.
내가 상황에 흔들려 방황할 때도
주님은 어제나 오늘이나 동일한 마음으로
나를 지켜보고 계십니다.

주여, 원하기는 주님이 나를 영원히 놓지 않듯이
나도 주님만 바라보며 영원히 달려가게 하소서.
설령 내가 요나처럼 하나님을 거부하고 피한다 해도
주님은 마지막에는 선한 일을 이루십니다.
주님의 부름받은 그리스도인은
주님이 책임지고 인도하십니다.
오직 주님으로 만족하며 살게 하소서.
세상이 나에게 만족을 주지 못하지만
주님은 나에게 만족을 주십니다.
주님이 내 안에 계심을 감사하며 살게 하소서.
예수님의 이름으로 기도합니다. 아멘.

항상 기뻐하게 하소서

기쁨을 주시는 하나님!
매일 살아가는 삶은 내가 사는 것이 아니라
하나님이 나를 살게 하는 것입니다.
눈에 보이는 하나님의 손길을 경험하지 못해도
하나님은 나를 붙잡고 계심을 믿게 하소서.
어떤 상황에서도 하나님으로
기뻐하는 법을 체득하게 하소서.

오직 하나님 한 분만을 절대적으로 믿을 때
절대적인 기쁨이 올 줄을 믿습니다.
수시로 바뀌는 상대적인 기쁨을 벗어나
절대적인 기쁨을 갖게 하소서.
진정한 기쁨은 사라지지 않는
영원한 것에서 옴을 알게 하시어
주님의 말씀 안에서 즐거움을 찾아 집중하게 하소서.

환란 중에도 기뻐하게 하소서.

환란은 인내를, 인내는 연단을,
연단은 소망을 이루는 줄 알게 하소서.
주님의 일을 자원하여 즐거움으로 섬기게 하소서.
대가를 바라보는 즐거움이 아니라
값없이 주시는 은혜에 감사하며
그 은혜를 갚는 것에 감사와 행복이 넘치게 하소서.
눈에 보이는 기쁨을 따르지 말고
눈에 보이지 않는 즐거움에 이끌리게 하소서.
가정을 기쁨으로 세워 나가도록
주님을 신뢰하는 믿음을 주소서.

매일 하루를 천국에서 영원히 사는
영광과 기쁨으로 충만하게 하시어
이 땅에서 환란을 이기게 하소서.
어디서든지 자족하는 믿음을 가지고
세상 속에서 그리스도인의 삶을 증거하게 하소서.
예수님의 이름으로 기도합니다. 아멘.

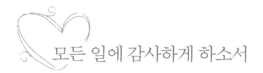
모든 일에 감사하게 하소서

모든 것을 풍족하게 베풀어주시는 주님!
오늘도 풍성한 은혜에 거하게 하심을 감사드립니다.
우리 주위와 자신을 돌아보면 감사할 일이 많습니다.
어느 것 하나 주님이 주시지 않은 것이 없습니다.
하지만 우리는 주신 것에 감사하지 못하고
불평할 때가 많습니다.

주여, 나에게 감사하는 법을 배우게 하소서.
감사의 조건이 많은데
그것을 보지 못하고 살아가는 것을 용서하소서.
주님이 주신 은혜를 볼 수 있는 영적인 눈을 주소서.
눈에 보이는 것만 바라보고 판단하지 말게 하시고
보이지 않는 풍성한 은혜를 깨닫게 하소서.

주님이 주신 사랑과 은혜를 발견할 수 있는
지혜와 총명을 주시고
그 안에서 감사하며 주님을 찬양하게 하소서.

말씀을 통하여 나의 주변에 있는
감사의 조건을 찾게 하소서.
주님이 간섭하시는 세밀한 부분까지
은혜로 보는 능력을 주시고
나의 눈이 아닌 하나님의 눈으로
세상을 바라보게 하소서.

세상의 고난과 역경 속에서
나의 죄악 된 부분을 발견하여 회개하게 하소서.
감사할 수 없는 상황에서도 감사하는 법을 알게 하시고
내 기준으로 바라보기보다는
하나님의 관점에서 나와 세상을 보게 하소서.

이미 가진 감사의 조건과 내용을 먼저 보게 하시고
감사의 내용들을 넓혀가게 하소서.
자기 아들을 아끼지 않고 사랑을 주신
주님의 마음을 돌아보면서
감사와 찬양이 그치지 않게 하소서.
예수님의 이름으로 기도합니다. 아멘.

쉬지 말고 기도하게 하소서

우리의 주인 되신 하나님!
모든 것은 주님으로부터 나오고 주님께로 돌아감을 믿습니다.
하루의 삶을 주도하고 계신 분은 주님이십니다.
혹시라도 내가 주인이라고 생각하지 말게 하소서.

내 힘으로 살 때는 기도가 멈추지만
주님의 도우심을 바라볼 때는 기도하게 됩니다.
기도를 통해 나를 죽이고 나를 낮추어 주님을 높이게 하소서.
주님은 겸손하게 자신을 찾는 자를 찾아주심을 믿게 하소서.

어느 한순간도 나의 힘으로 살 수 없습니다.
그래서 하나님께 기도하게 하셨습니다.
필요할 때만 기도하지 말고
급한 일이 없어도 항상 기도하게 하소서.
호흡이 사라지면 죽음을 초래하듯이
영혼의 호흡인 기도가 사라지면 영혼이 죽게 됩니다.

주여, 기도하기는 하루를 살아갈 때
내 안에 계신 주님을 늘 느끼게 하소서.
그리고 그분과 교제의 시간인 기도에 힘쓰게 하소서.
주님의 생각이 나의 생각이 되게 하시고
주님의 생각으로 하루하루를 살아가게 하소서.
항상 주님을 생각하며 기도하게 하시고
주님의 마음으로 사람을 대하게 하소서.

육신의 즐거움에 지배받지 않기 위해서
항상 나의 생각과 영혼을 주님을 향해 두게 하소서.
기도를 통하여 자신을 죽이게 하시고
자신의 죽음을 통해 내 안에 그리스도가 살게 하소서.

다윗처럼 일을 시작할 때 먼저 하나님께 여쭙게 하소서.
사탄은 기도를 방해하는 존재인 것을 잊지 말고
기도를 방해하는 조건들을 이기도록
성령의 도우심을 구하게 하소서.
모르면 주님을 향해 묻는 기도를 하게 하시고
나의 뜻을 강요하는 기도에서
주님의 뜻에 순종하는 기도를 배우게 하소서.
예수님의 이름으로 기도합니다. 아멘.

하나님의 공의를 이루게 하소서

공의의 하나님!
세상을 질서 있게 창조하신 하나님을 찬양합니다.
모든 것은 하나님의 법대로 움직이는 것을 알게 하시고
그것을 떠난 불의한 일을 멀리하게 하소서.
이 땅에 나의 정의가 아닌 하나님의 공의가 실현되게 하소서.
그렇게 함으로써 나의 뜻이 아닌 주님의 뜻을 이루게 하소서.

하나님의 공의를 통하여
하나님의 사랑이 드러나게 하소서.
점차 하나님의 공의가 사라지는 시대 속에서
말씀으로 하나님의 공의가 세워지는 데 소망을 두게 하소서.
하나님의 공의에 관심을 두고
그 공의를 실천하는 힘을 갖게 하소서.
그것을 위해서 먼저 하나님의 법을 사랑하게 하시고
하나님의 법을 지켜 행함으로써
하나님의 공평하심이 선포되게 하소서.
인간의 불의가 지배하는 세상 속에서

하나님의 공의를 위해 살아가는 주님의 자녀가 되게 하소서.

인간은 본래 불의한 존재임을 알게 하시고
자신의 부족함과 허물을 인정하는 회개의 영을 주소서.
하나님의 공의를 내 안에 받아들이고
그것이 나의 삶이 되게 하소서.
세상을 살아갈 때 불의한 일을 많이 보고 있습니다.
나도 그 일에 동참자가 될 때가 있는데
그때마다 하나님의 뜻이 드러내는 데
나의 모든 것을 사용하게 하소서.

하나님의 공의를 실천하려다가 당하는
고난과 손해를 받아들이고
주님의 고난에 동참하는 마음으로 살게 하소서.
구원의 복음은 하나님의 공의가 실천되는 현장임을 알고
그곳에서 하나님의 도구가 되게 하소서.
다른 사람의 티를 보고 분노하기보다는
먼저 나의 들보를 보면서 가슴 아파하는 심령을 주소서.
예수님의 이름으로 기도합니다. 아멘.

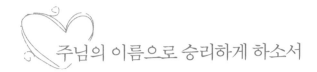

주님의 이름으로 승리하게 하소서

사랑의 주님!
우리의 구원자 되신 주님을 찬양합니다.

죄악이 가득한 이 세상의 인간을 불쌍히 여기시어
높은 보좌 하나님의 자리를 버리시고 이 땅에 오신 주님,
제한된 인간의 몸을 친히 입고 오셔서
우리와 함께하신 주님을 생각하면
하나님의 사랑에 감사하지 않을 수 없습니다.
하나님의 형상으로 만든 인간을 죄에서 구원하시기 위해
비천한 인간의 몸이 되신 주님의 은혜를 생각하면
감동하지 않을 수 없습니다.

특히 더 감사한 것은
이 땅에 오신 예수님을 나의 주인으로 영접하게 하시고
주님을 믿게 하신 것은 특별한 하나님의 은혜입니다.
주님의 이름으로 인하여 우리는 구원을 받았고
그 이름으로 이 세상을 승리하게 하심을 감사합니다.

누구든지 그 이름을 믿는 자는 구원을 얻는다고 하셨는데
이것에 대한 확신을 갖고 살아가게 하소서.

오늘도 예수 그 이름의 소중함을 생각하며
세상에서 그 이름을 드러내는 삶이 되게 하소서.
주님의 이름으로 기도하면 응답해주신다고 하셨사오니
주님의 이름을 믿고 의지하며 어디서든지 담대하게 살게 하시고
늘 주님을 바라보면서 기도하며 살게 하소서.

오늘도 자기 백성이 구원받기를 소원하시는 주님의 음성을 듣고
주님의 백성을 구원하는 선한 도구가 되게 하소서.
만나는 사람들에게 예수 그 이름을 담대히 전하게 하소서.
예수님만이 유일한 구원자이심을 확신하며
오늘 주어진 나의 하루를 주님에게 집중하게 하소서.
모든 해답을 주님으로부터 찾게 하시고
오직 주님 안에서 만족하게 하소서.
예수님의 이름으로 기도합니다. 아멘.

하나님의 사랑을 드러내게 하소서

우리를 구원하신 주님!
우리를 위해 독생자 아들이신 예수님을 보내주신
그 사랑에 감사드립니다.
주님의 사랑은 생각할수록 놀랍습니다.
세상의 어떤 사람이 이런 사랑을 할 수 있겠습니까?
주님이 우리에게 베풀어주신 사랑은
우리의 행위에 따라 주시는 사랑이 아님을 압니다.
우리가 죄인 되었을 때 주님은 우리를 위하여 죽으셨습니다.
하나님을 거역하고, 하나님을 반역하는
우리의 악한 행동을 보시지 않고
우리의 행동과 상관없이 사랑해주셨습니다.
이것을 통해 하나님이 우리를 어떻게 사랑하시는지
분명히 보여주셨습니다.

주님, 이제부터 우리가 받은 사랑은
세상의 사랑이 아님을 알게 하시고
하나님의 사랑임을 깊이 깨닫게 하소서.

하나님의 사랑은 우리의 행위에 따라 주시는 사랑이 아니라
하나님의 성품에 따라 주시는 사랑입니다.
우리도 이런 사랑을 배우게 하소서.
나는 주님으로부터 거저 사랑을 받았고
그 사랑은 나의 행위와 상관없이 주신 사랑이었습니다.
이것을 분명히 깨닫고 겸손히 순종하게 하소서.

이제부터 나도 다른 사람을 사랑할 때
조건 없이 사랑하게 하소서.
행위를 보고 사랑하지 않게 하시고
마음을 보고 사랑하게 하소서.
상대방의 모습을 통해 사랑을 하기보다는
주님이 나에게 부어주신 그 사랑의 마음으로
상대방을 사랑하게 하소서.
도저히 사랑할 수 없는 사람을 나에게 주신 것은
이런 주님의 사랑을 실천하게 하기 위한 것임을 깨닫고
힘들지만 주님의 사랑의 포로가 되어
나도 그런 사랑을 하는 사람이 되게 하소서.
이런 실천을 통해 내 안에 있는 하나님의 사랑을
주변 사람들에게 증거하는 삶이 되게 하소서.
예수님의 이름으로 기도합니다. 아멘.

주님께 받은 사랑으로
이웃을 사랑하게 하소서

우리의 생명이신 주님!

우리를 위해 가장 좋은 것을 주시면서

우리를 사랑하신 하나님을 찬양합니다.

하나님은 예수님을 세상에 보내주심으로써

하나님이 얼마나 우리를 사랑하시는지 보여주셨습니다.

이제부터는 예수님을 묵상하면서

하나님의 사랑을 더 깊게 배우게 하소서.

예수님의 죽으심을 통해 하나님 사랑의 강도를 느끼게 하시고

주님의 은혜에 깊게 들어가게 하소서.

예수님의 십자가 죽으심을 통해 인간을 향한 하나님의 마음이

멸망이 아닌 영생이심을 알게 하소서.

나는 십자가의 사랑을 안다고 하지만 아직도 부족합니다.

하나님의 깊은 마음을 잘 알지 못하고 살아가는 죄인입니다.

하나님의 사랑이 무엇인지를

예수님을 통해 분명히 보여주셨는데도

나는 어리석어서 그 사랑을 깨닫지 못하고 있습니다.
이 우매함을 용서하소서.

바라기는 독생자이신 예수님을 주심으로써
우리에게 모든 것을 주신 하나님을 생각하며
우리도 우리의 모든 것을 하나님께 드리게 하소서.
하나님이 우리에게 가장 가치 있는 독생자를 주셨듯이
나에게 있는 가장 소중한 것을 바치게 하소서.

아직도 잘 깨닫지 못하는 하나님의 사랑에
더 깊이 들어가게 하소서.
나에게 주님을 믿는 믿음을 주셨는데
이 믿음이 더욱 자라게 하여
나도 작은 예수님의 삶을 세상에서 나타내게 하시고
주의 사랑으로 세상을 아름답게 만드는 데 쓰임받게 하소서.
그 사랑으로 교회와 내 이웃을 사랑하게 하소서.
예수님의 이름으로 기도합니다. 아멘.

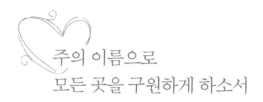

주의 이름으로
모든 곳을 구원하게 하소서

우리의 기쁨이 되시는 주님!
우리를 구원받도록 은혜주심을 감사드립니다.

나의 힘으로는 도저히 구원받을 수 없는 것을 아시고
구원에 대한 모든 일을 십자가에서 다 이루신 주님을 찬양합니다.
이제 누구든지 마음으로 이런 주님을 믿고 받아들이면
구원받을 수 있다는 사실은 생각만 해도 감동입니다.
이 감격을 늘 잊지 말게 하소서.

복음은 누구든지 가질 수 있는 것이지만
결코 누구든지 가질 수 없는 것이 또한 복음입니다.
하나님이 은혜를 주시지 않으면
인간의 힘으로 얻을 수 없는 것이 복음입니다.
이렇게 생각하면 내가 받은 이 복음은 정말 가치 있는 것입니다.
누구든지 그 이름을 부르기만 하면 얻을 수 있는 구원임에도
우리 주위에는 구원받지 못한 사람이 너무나 많습니다.

주님, 간절히 원하기는 아직도 구원받지 못한 사람들에게
예수님의 이름을 부를 수 있는 믿음을 주소서.
그 이름이 세상에서 가장 소중한 이름임을 알게 하시고
그 이름의 능력으로 영생을 얻는 축복을 주소서.
오늘도 나에게 있는 예수님의 이름을 감사하게 하시고
그 이름으로 날마다 구원을 경험하게 하소서.

나의 삶을 돌아볼 때 아직도 이루지 못한
온전하지 못한 부분이 많습니다.
이것들을 예수님 그 이름을 통하여 구원의 역사를 이루게 하시고
주의 이름을 만방에 영화롭게 하고 선포하는 삶을 살게 하소서.
나의 이름보다는 주님의 이름을 위해 살게 하시고
능력의 근원이 주의 이름에 있음을 선포하게 하소서.
예수님의 이름으로 기도합니다. 아멘.

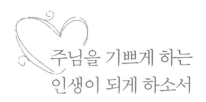

주님을 기쁘게 하는
인생이 되게 하소서

아버지 하나님!
우리를 하나님의 자녀로 삼아주심을 감사합니다.

나로 하여금 예수님을 나의 구원자로 믿게 하시고
주님을 나의 주인으로 영접하게 하심을 찬양합니다.
이제부터는 나를 주인으로 삼지 않고
하나님을 나의 주인으로 모시고 살게 하소서.
내 안에 영접한 주님을 슬프지 않게 하시고
주님을 기쁘게 하는 인생이 되게 하소서.
늘 나의 행위로 구원받은 것이 아님을 알게 하시고
주님의 이름으로 내가 구원받은 사실을 잊지 않게 하소서.

모든 것이 주님의 은혜인 줄 깨달아
언제나 겸손함을 잃지 않게 하소서.
무엇을 하든지 주님의 능력임을 믿게 하시고
주님의 이름을 드러내는 삶을 살게 하소서.

어디를 가든지 내가 하나님의 자녀인 것에 대해
자랑스럽게 생각하며 하나님의 자녀다운 삶을 살게 하소서.
거룩한 하나님의 백성으로서 모습을 지니게 하시고
세상 속에서 그리스도의 향기를 드러내며
그리스도의 편지로서 역할을 감당하게 하소서.
나를 통하여 예수님의 모습을 읽게 하시고
주님을 영접하는 사람이 많아지게 하소서.

하나님 자녀의 권세가 얼마나 큰지를 알게 하시어
세상 속에서 하나님의 자녀로서
능력과 특권과 의무를 다하게 하소서.
세상의 풍조와 유행을 따르지 말고
하나님의 의를 이루는 삶을 살게 하소서.
주님을 영접한 사람으로서 부끄럽지 않는 삶을 살게 하시고
내 안에 계신 주님을 슬프게 하는 일을 하지 않게 하소서.
예수님의 이름으로 기도합니다. 아멘.

"주님과 동행하면 한 번 더 주님의 의견을
듣게 될 것입니다. 주님이 하셨던
방법에 따라 사는 제자가 되게 하소서."

2

예수님을
닮아가는
제자의 기도

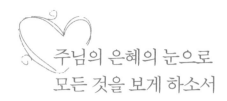

주님의 은혜의 눈으로
모든 것을 보게 하소서

구원의 하나님!
우리를 구원해주신 하나님의 은혜를 경배합니다.

내가 주님을 선택한 것이 아니라
주님이 나를 무조건적으로 선택하여 얻은 구원에 대해
늘 감사하면서 살게 하소서.
은혜로 주신 믿음의 가치를 소중하게 여기고
은혜받은 자처럼 살게 하소서.
"거저 받았으니 거저 주라"(마 10:8)는 주님의 말씀대로
모든 것을 은혜의 시각에서 바라보게 하소서.
행위가 아닌 믿음으로 나를 구원하게 하신 것은
세상에서 나를 자랑하게 하지 않기 위해서인 줄 확신합니다.
원초적인 구원의 의미를 지식으로만 알게 하지 마시고
모든 삶에서 적용하게 하소서.

나의 모든 삶이 하나님의 선물인 것을 깨달아

하나님의 선물을 나누어주는 사람이 되게 하소서.
나의 것은 하나도 없습니다.
모두가 주님이 주신 선물입니다.
나의 생명도, 나의 재물도, 나의 건강도, 나의 가족도
모두가 하나님의 선물인 것을 깨닫고 감사하며 살게 하소서.
혹시라도 하나님의 것을 내 것인 양 생각하여
나를 자랑하는 사람이 되지 말게 하시고
모든 것의 주인이신 하나님만을 드러내며 살게 하소서.
하나님의 은혜를 도적질하려는 마음을 제거하시고
오직 하나님의 자비의 마음으로 사람을 대하게 하소서.

나의 나 된 것은 모두가 하나님의 은혜입니다.
하오니 작은 것 하나라도 내 생각대로 함부로 하지 말게 하시고
주님이 주신 선물로서 소중하게 여기는 마음을 갖게 하소서.
오늘도 주님이 주시는 은혜로 충만하게 사는 하루가 되게 하소서.
하나님의 은혜를 무시하는 불평과 원망과 다툼을 버리게 하시고
오직 찬양과 감사와 사랑만이 넘치게 하소서.
예수님의 이름으로 기도합니다. 아멘.

구원받은 감격으로 살게 하소서

사랑의 하나님!
우리를 사랑하시되 끝까지 사랑하시는
하나님의 은혜를 찬양합니다.

우리를 주님의 이름으로 구원해주신 것을 생각하면
얼마나 감사한지 모릅니다.
예수 그리스도의 이름으로 우리는 영원한 생명을 얻었습니다.
오직 그 이름 하나만 믿으면 누구든지 구원을 얻게 해주셨습니다.
만약 나의 행위와 업적을 통하여 구원을 얻게 하셨다면
나는 아무런 구원에 이르지 못했을 것입니다.
생각하면 얼마나 놀라운 은혜인지요.
세상에는 자기가 구원을 주는 사람이라고 외치는
이단들이 종종 있습니다.
그러나 그들은 절대 구원자가 될 수 없습니다.
그들은 자신의 죄 문제조차도 해결하지 못합니다.

하나님께서 인간이 되어 우리 가운데 오시고

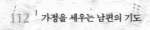

우리의 죄를 대신하여 죽으신

예수 그리스도의 이름을 생각하면 얼마나 감사한지 모릅니다.

주님, 원하기는 그 이름의 은혜를 받았으니

이제부터 그 이름에 걸맞는 삶을 살게 하소서.

주님의 이름 이외에 다른 이름을 의지하거나 신뢰하지 말게 하시고

오직 주님의 이름만 믿고 따르게 하소서.

주님의 이름에 위대한 능력이 있음을 믿고

주님의 이름으로 복음을 전하고

주님의 이름으로 병을 고치며

주님의 이름으로 모든 일을 행하게 하소서.

그리하여 주님의 이름만 높아지는 삶을 살게 하소서.

한평생 나의 이름을 드러내기 위해서가 아니라

나를 구원해주신 주님의 이름만 드러내는 삶을 살게 하소서.

구원보다 더 큰 은혜는 없습니다.

이미 주의 이름으로 구원받은 감격을 늘 잊지 않게 하시고

그 감격의 힘으로 세상을 능히 이기게 하소서.

예수님의 이름으로 기도합니다. 아멘.

예수님의 리더십을 배우게 하소서

우리의 지도자가 되시는 주님!
우리의 왕되신 주님을 찬양합니다.

사랑하는 사람에게 주님의 모습을 닮게 하소서.
친히 섬김의 본을 보이시면서
우리의 모든 것을 위해 자신을 희생하신 주님을 바라보며
예수님을 닮은 지도자를 꿈꾸게 하소서.

세상의 모양대로 살지 말게 하시고
오직 주님이 보여주셨던 모범을 따라가게 하소서.
남을 지배하기보다는 섬기면서 으뜸이 되는 법을 배우게 하시고
남을 낮추기보다는 높이면서 나 또한 높아지는 길을 보여주소서.
다른 사람에게 섬김을 받으려는 즐거움을 품기보다는
다른 사람을 섬기고 그들이 즐거워하는 것을 보고
내가 행복해지는 리더십을 갖게 하소서.

하나님을 주인으로 섬기는 겸손한 마음을 갖게 하시고

하나님으로부터 나오는 권위로 세상을 리드하게 하소서.
좋은 리더의 성품을 주시고
그것들을 계속적으로 훈련하는 열심을 주소서.
사랑과 희락과 화평, 온유와 절제와 충성,
자비와 양선과 오래 참음의 성령의 열매들을
생활 속에서 맺히게 하소서.

외적인 화려함이나 재물과 권세와 명예로 섬기는 것이 아니라
겸손과 사랑과 평화로 많은 사람을 인도하는 리더로 삼아주소서.
세상에 끌려 다니는 지도력이 아닌 세상을 변화시키고
그리스도의 마음으로 변혁시키는 리더십을 주소서.
예수님의 이름으로 기도합니다. 아멘.

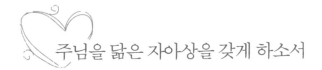

주님을 닮은 자아상을 갖게 하소서

모든 것에 완전하신 주님!
부족한 우리에게 주님의 온전하심을 부어주소서.

사람을 닮기보다는 온전한 주님의 형상을 닮아가게 하시고
하나님 안에서 자기의 본래의 모습을 알아가게 하소서.
우리 안에 있는 하나님의 형상을 날마다 발견하게 하시고
많은 사람 앞에서 주님의 형상을 드러내게 하소서.

건전한 자아상이 주님 안에서 확립되게 하시고
그런 마음으로 세상과 이웃을 바라보는 믿음을 주소서.
눈에 보이는 대로 보지 말게 하시고
주님의 마음으로 세상을 바라보게 하소서.
날마다 그리스도 앞에 자기를 내려놓는 훈련을 하게 하시고
주님의 형상이 나를 통해 밝히 드러나게 하소서.

말씀으로 무장시켜주셔서
말씀이 육신이 되는 삶을 살게 하소서.

모든 생각이 하나님의 말씀에서 나오게 하시고
말씀을 이루는 삶을 살게 하소서.
혹시 부족한 인간의 허물이 나타날 때는
인간의 약함을 통해 하나님의 강함이 드러나게 하시고
불완전한 자아상이 나타날 때마다
주님을 더욱 사모하면서 주님을 본받는 마음을 주소서.
예수님의 이름으로 기도합니다. 아멘.

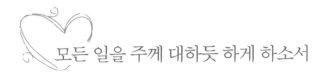

모든 일을 주께 대하듯 하게 하소서

모든 것의 근원이신 주님!
내가 살아가는 오늘 하루는 수많은 사람을 만나게 됩니다.
그 속에서 내가 무엇을 해야 할지,
어떤 일을 해야 할지 혼란스러울 때가 많습니다.
그때마다 마음의 선택을 하기 어려울 수가 있으니
그럴 때 주님의 모습을 떠오르게 하소서.

가룟 유다처럼 자신의 죄를 뉘우치면서도
진정 회개하지 않는 불행한 자가 되지 않게 하시고
베드로처럼 자신의 죄를 진정 통회하여
다시 주님 앞으로 나아오는 사람이 되게 하소서.

오늘도 사람을 만날 때 보이는 외모에 끌리지 않게 하시고
주님의 형상을 닮은 것에서 매력을 느끼게 하소서.
일을 할 때나 사람들을 만날 때
사람에게 하듯 하지 말고
주님에게 하듯 하게 하소서.

다른 사람이 볼 때만 눈가림으로 하지 말고
아무도 안 볼 때도 정직히 행하게 하소서.

늘 하나님 앞에서 자신을 돌아보고
주와 동행한다고 생각하게 하소서.
혼자 있을 때는 내 마음대로 할 수 있지만
주님과 동행하면 한 번 더 주님의 의견을 듣게 될 것입니다.
주님이 하셨던 방법에 따라 사는 제자가 되게 하소서.

내 안에 계신 주님을 닮아가면서
주님의 방식대로 살게 하소서.
이런 때 예수님이라면 어떻게 하셨을까를 생각하며
주님이 행하셨던 본을 따라 살게 하소서.
예수님의 이름으로 기도합니다. 아멘.

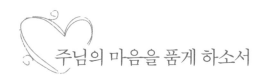

주님의 마음을 품게 하소서

사랑의 주님!
나에게 닥친 모든 일은 주님이 허락하신 일입니다.
그렇다면 그것은 모두 주님이 주신 선물입니다.
내가 더 살고 싶다고 인생이 더 살 수 있는 것이 아니요
내가 빨리 죽고 싶다고 죽는 것이 아닙니다.
하나님이 허락하신 시간 안에서
모든 게 움직이는 것임을 알게 하소서.

모든 게 주님이 주신 것이라면
이제부터 모든 일을 내 생각이 아닌
주님의 생각으로 대하고 행동하게 하소서.
인간은 태생적으로 자기 의를 이루는 악한 습성이 있습니다.
이것을 제거하고 오직 성령을 따라 사는 믿음을 주소서.

보이는 대로 판단하지 않게 하시고
생각나는 대로 생각하지 않게 하시며
느끼는 대로 느끼지 않게 하소서.

보이는 것이 전부가 아니고
생각하는 것이 전부가 아니며
느끼는 것이 전부가 아님을 깨닫게 하소서.
그래서 나보다 더 넓고 크고 높으신 주님의 생각을 품고
모든 것을 주께 대하듯 대하게 하소서.
이것을 위해 주님이 행하신 모습을 배우게 하소서.

주님은 죄악 된 인간을 사랑하시고
연약한 인간을 구원하셨으며
원수 된 인간을 용서하셨습니다.
긍휼한 마음으로 우리를 대하셨습니다.
쉬지 않고 죄짓는 인간을 구원하시기 위해
자기의 모든 것을 바치신 주님의 모습을 품고
모든 일을 대하고 사람을 만나게 하소서.
예수님의 이름으로 기도합니다. 아멘.

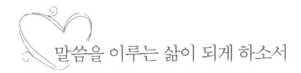

말씀을 이루는 삶이 되게 하소서

진리되신 주님!
나는 길이요 진리요 생명이라고 말씀하신 주님을 찬양합니다.
말씀이 육신으로 오신 주님을 경배하고 예배합니다.
구약에서 많은 선지자가 구세주 그리스도를 예언했는데
그 말씀을 이루기 위해 예수님은 평생을 보냈습니다.
이런 예수님을 통해 우리 모두가 구원을 받았습니다.

주님, 우리를 위해 오신 주님을 높여드립니다.
세상은 말씀으로 창조되었습니다.
이런 세상이 악한 인간으로 인해 고통스럽게 변했습니다.
그것을 해결하기 위해 오신 예수님은
말씀을 이루기 위해 오신 우리의 왕이십니다.

오늘도 예수님처럼 말씀을 이루는 삶을 살게 하소서.
나의 뜻이 아닌 하나님의 뜻을 이루게 하소서.
나를 구원해주신 예수님을 생각하며
나를 통해 말씀을 이루시는 주님의 역사에 참여하게 하소서.

주님, 나에게 주신 말씀을 이루는 삶이 되게 하소서.
모든 꿈은 시간이 지나면 사라집니다.
하지만 말씀은 영원히 변하지 않습니다.

주님, 나의 삶이 허무하게 사라지는 수고가 아닌
영원한 하나님의 영광을 위한 수고가 되게 하소서.
주님 안에서 행한 일은 결코 헛된 일이 없습니다.
주여, 원하기는 저도 이것을 확신하며
말씀을 이어가는 복음의 전도자가 되게 하소서.

점차 비진리가 세상을 덮습니다.
주여, 바라기는 세상 속에서 말씀을 붙잡고
그 말씀에 응하는 삶이 되게 하소서.
말씀을 붙잡고 살면 고통의 순간
주님이 나를 인도하심을 확신하게 됩니다.
어떤 경우에도 주님에게 순종하게 하소서.
말씀을 믿고 순종하는 자를 찾으실 줄 믿고
말씀으로 뿌리를 깊게 내리게 하소서.
예수님의 이름으로 기도합니다. 아멘.

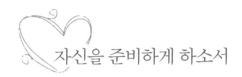

자신을 준비하게 하소서

오래 참고 인내하시는 하나님!
세상이 힘들고 고통스럽다 할지라도
오래 참고 기다리시는 주님을 바라보게 하소서.
하나님의 일은 거저 이루어지는 것이 아님을 알게 하시고
준비하는 시간을 갖게 하소서.
당장 눈에 안 보이고 결과가 없다 해도 낙심하지 말게 하소서.

신앙의 인물들은 한결같이 오랜 준비기간을 거쳤음을 알고
그들처럼 준비하는 시간을 갖게 하소서.
인간적인 방법과 수단을 사용하여
거쳐야 할 과정을 무시하거나 기다리는 인내를 막는
사탄의 미혹을 이기게 하소서.
뜻하지 않게 닥치는 하나님의 은혜는
오랜 시간을 준비한 사람에게 찾아옴을 알게 하소서.

주여, 기도하기는 나에게도 믿음을 주시어
하나님의 신실하심을 믿고 하나님의 때를 기다리게 하소서.

기다리는 시간을 자신을 죽이고 겸손하게 만드는 시간임을 알고
즐거움으로 하나님만 바라보게 하소서.

모세가 80년을 기다리고 준비하면서 하나님의 사람이 된 것처럼
저에게도 이런 능력을 주시어
끝까지 하나님을 신뢰하는 믿음을 주소서.
사탄의 유혹은 준비되지 않는 상황에서
늘 급하게 시작하게 하는 것이고
인간의 꾀를 의지하게 하는 육신적인 생각입니다.
하나님을 신뢰하지 못하게 하는 죄의 생각입니다.

주여, 믿음은 하나님을 신뢰하는 기간에 비례함을 알게 하시고
예수님이 30년을 준비하여 3년 사역을 하신 것을 본받아
나도 말씀과 기도로 준비하는 것을 즐거워하게 하소서.
주님이 인도하시는 순간까지 믿음으로 하나님을 바라보게 하시고
철저히 주님만 신뢰하는 시간을 많이 축적하게 하소서.
하나님의 임계점을 기다리며
그날을 위해 준비하고 자신을 만들어가게 하소서.
착한 일을 시작하신 이가 이루실 줄 확신하게 하소서.
예수님의 이름으로 기도합니다. 아멘.

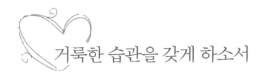

거룩한 습관을 갖게 하소서

약속을 성취하시는 주님!
우리를 구원하신 하나님을 찬양합니다.
나를 구원하신 은혜로 거룩한 백성이 되게 하셨습니다.
말씀과 기도로 거룩해짐을 믿고
매일 몸에 체득하는 삶을 살게 하소서.
말로만 외치는 신앙이 아니라
삶 속에서 그리스도를 증거하는 사람이 되게 하소서.
이것을 위해 믿음을 행함으로써 증명하게 하소서.

마음과 몸이 하나 되게 하는 습관을 체득하게 하소서.
습관에 따라 기도하러 가셨던 주님을 본받아
나도 거룩한 습관을 갖게 하소서.
말로만 믿고 행동하지 않는 것은 죽은 신앙입니다.
말씀을 행하는 데까지 나아가기 위해서는
자신을 죽이는 결단이 필요합니다.
주님께서 제자들에게 마음은 원이로되
육신이 약하다고 말씀하셨습니다.

이것은 주님을 전인적으로 따르지 못해서입니다.

주여, 나에게도 믿음을 실천하는 삶이 되게 하소서.
이것을 이루기 위해 필요한 것은 거룩한 습관인 줄 믿습니다.
어쩌다 생각날 때 말씀을 실천하는 것이 아니라
매일 정해진 시간에 지속적으로 실천하며
삶의 일부분이 되게 하소서.
계속 자신을 죽이는 훈련을 통해
거룩한 습관이 바로 내가 되게 하소서.

습관은 바로 나 자신입니다.
오래전부터 익숙한 세상의 습관을 벗어나기 어렵지만
기도하면서 작은 실천을 통해 거룩한 주님의 자녀가 되게 하소서.
거룩한 습관이 되게 하려면 함께할 수 있는 공동체가 필요합니다.
교회, 가정, 그리고 다른 모임을 통해 이것을 실천하게 하소서.
처음에는 시작이 어렵지만 점차 적용할 수 있을 줄 믿고
주의 도우심을 구하오니 주여 도와주소서.
익숙한 습관과 세상적인 삶의 습관을 벗어버리고
거듭난 자로서 새로운 삶을 살게 하소서.
예수님의 이름으로 기도합니다. 아멘.

진실된 말을 하게 하소서

빛과 진리되신 주님!

인간에게만 유일하게 언어를 주신 하나님을 찬양합니다.

이렇게 말할 수 있다는 것이 얼마나 감사한지요.

한 입에서 두 가지 말이 나오지 않게 하소서.

저주와 축복이 한 샘에서 나올 수 없습니다.

하지만 실제 나의 삶은 두 가지가 한 번에 나옵니다.

이제 거듭난 이후에는

모든 것에 긍정적인 믿음의 말을 하게 하소서.

우리의 입을 거룩하게 하소서.

내가 직접 본 것만 말하고

내가 직접 들은 말만 전하게 하소서.

말을 하려거든 하나님의 말씀을 전하는 것처럼 살게 하소서.

진리의 말만 입에 담아두고 허탄한 이야기는 흘려버리게 하소서.

남에게 상처주는 말보다 힘과 격려가 되는 말을 하게 하소서.

진실된 말을 하도록 노력하고

비록 손해를 당한다 할지라도 진실을 지키게 하소서.

주여, 나의 입에 할례를 하게 하시고
입으로 나오는 속마음을 말씀으로 채워주소서.
말은 나의 인격이자 존재 그 자체입니다.
말을 조심하고 남에게 상처주는 말을 하지 않게 하시고
말을 할 때는 내가 그 말을 들었을 때의
모습을 생각하며 말하게 하소서.

말씀과 기도를 하나로 묶는 훈련을 하게 하소서.
내가 나를 바꿀 수 없습니다.
하지만 말씀을 통하여 나를 바꿀 수 있습니다.
진실은 영원하지만
거짓은 어느 날 갑자기 사라짐을 믿고
그것을 거부하게 하소서.
예수님의 이름으로 기도합니다. 아멘.

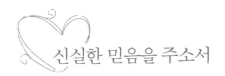

신실한 믿음을 주소서

신실하신 주님!
하나님을 믿고 살 수 있다는 것이
얼마나 감사한지 주님을 찬양합니다.

세상은 타락되었기에 누구의 말도 신뢰하기 어렵습니다.
그런 이유로 세상 사람들은 사람을 두려워합니다.
하지만 우리를 만드신 하나님은 신뢰할 수 있습니다.
이런 신실하신 하나님을 만나게 하심에 감사드립니다.
이것은 믿음으로 가능한 일인데
이것을 믿게 하신 하나님께 감사합니다.

하나님을 전적으로 믿는 믿음을 주소서.
아브라함이 이삭을 기꺼이 바칠 수 있는 믿음은
하나님을 사랑하고 신뢰하는 마음에서 온 것입니다.
주님, 저에게도 이런 믿음을 주소서.
어떤 상황에도 굴하지 않고 모든 것을 가능하게 하시는
하나님의 인격을 신뢰하게 하소서.

우리 안에서 착한 일을 시작하신 하나님을 믿고
당장 이루어지지 않는다고 낙심하지 말게 하시고
그리스도 예수의 날까지 온전히 이루실 줄 확신하게 하소서.

주여, 하나님 한 분으로 만족하게 하소서.
하나님이 한 번 말씀하신 것은 끝까지 이루실 줄 믿습니다.
말씀에 신실하신 하나님을 바라보게 하소서.
이 세상이 나를 버리고, 친구들이 나를 배신해도
우리 주님은 끝까지 나를 사랑하는 신실하신 분입니다.
하나님을 믿는 만큼 나 자신도 믿게 하시고
하나님을 신뢰하는 만큼 이웃을 신뢰하게 하소서.

내가 주님을 전적으로 믿는 것처럼
다른 사람이 나를 신뢰할 수 있는 사람으로 성장하게 하소서.
이것을 위해 고난을 잘 이기게 하시고 어떤 상황에서도
하나님을 신뢰하는 법을 배우게 하소서.
하나님을 믿지 못하는 것은 하나님에 있음이 아니라
나 자신을 의지하는 죄악에 있음을 알게 하소서.
예수님의 이름으로 기도합니다. 아멘.

하루를 복음의 열정으로 살게 하소서

불같은 성령 하나님!
세상의 여러 가지 힘든 일로 인하여
나도 모르게 마음과 열정이 식을 때가 많습니다.
이럴 때마다 하나님의 열정으로
다시 새롭게 일어나도록 도와주소서.
한평생 살아가는 삶이 하나님이 주신 선물임을 알게 하시고
주어진 생을 마른 나무가 완전히 타 버리듯
나의 인생을 그렇게 바치게 하소서.

기도하기는 쓸모없는 세상에 열정을 내지 말고
영원한 하나님을 향하여 열정을 품게 하소서.
잠시 있다 사라지는 안개와 같은 인생을 위해 삶을 불태우지 말고
영원히 함께하는 하나님의 일에 인생을 바치게 하소서.
미지근한 삶을 살지 말고
열정을 가지고 온전히 주님에게 헌신하는 사람이 되게 하소서.

사랑을 하되 열정을 가지고 사랑하게 하시고
뜨겁게 상대방을 사랑하게 하소서.
주님의 마음을 가지고 사랑하게 하시고
인간의 정욕적인 사랑에 빠지지 않게 하소서.
바울이 주님을 사랑하는 것처럼
우리에게도 주님을 사랑하되 미지근한 사랑이 아닌
불붙는 것 같아 견딜 수 없는 뜨거운 사랑을 하게 하소서.

세상적인 욕심과 열정을 배우기보다
성경에 나오는 하나님 사람들의 열정을 배우게 하소서.
오직 하나님만을 사랑하라고 외쳤던
선지자들의 열정을 품게 하시고
남은 생애를 아낌없이 바치면서
오직 예수 그리스도만 전하다가 죽어간
사도들의 열정을 배우게 하소서.
나의 의지적인 열정이 되지 말게 하시고
하나님이 주신 열정으로
사랑하는 사람을 위해 몸 바쳐 헌신하게 하소서.
예수님의 이름으로 기도합니다. 아멘.

"부모에게 순종하는 법을 배울 때
자기를 죽이고 포기하는 능력이 생기오니
순종 속에 숨겨진 비밀을 깨닫게 하소서."

3

자녀를
형통하게 하는
아버지의 기도

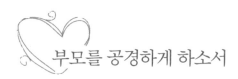
부모를 공경하게 하소서

아버지 되신 하나님!
나에게 부모님을 주시고
내가 부모님을 통해 태어나게 하심을 감사합니다.
부모를 공경하지 않으면 하나님을 사랑하지 않는 것이고
하나님을 사랑하지 않으면 인간을 사랑하지 않는 것이며
인간을 사랑하지 않으면
나를 사랑하지 않는 것임을 알게 하소서.

하나님이 나에게 부모님을 주시고 공경하라고 하신 것은
결국 나 자신을 사랑하는 방법을
알려주시기 위함인 것을 깨닫게 하소서.
이것이 부모님과 나를 한몸이 되게 하신
이유인 것을 받아들이게 하소서.
이 세상에서 나의 의지와 선택과 상관없이
나보다 먼저 계신 부모님을 인정할 때
겸손하게 됨을 배우게 하소서.

아무리 부모님이 행동으로 못해 보여도
내가 부모님을 태생적으로 넘어설 수 없는 것은
존재론적으로 앞서기 때문이요
지금 내가 가진 모든 것은
부모님에게서 받은 것임을 알고 공경하게 하소서.
원천 자료는 부모님인 것을 알게 하시고
그것에 감사하며, 그 은혜를 기억할 때
내가 지금 가진 것은 고귀한 것이 됨을 믿습니다.

자녀가 자신의 열매가 아무리 화려하고 많아도
그 뿌리인 부모님을 잊으면
그 나무는 이미 죽은 것임을 알게 하소서.
부모님을 공경하는 것은 나의 나 됨의 뿌리를
존중하는 것임을 알게 하소서.

자녀가 부모님을 공경하는 것이
하나님의 축복을 내려받는 비결임을 깨닫게 하소서.
기도하기는 "하나님의 복은 부모를 통해서 자녀에게 이어진다"는
축복의 원리이자 변하지 않는 창조질서를 믿게 하소서.
예수님의 이름으로 기도합니다. 아멘.

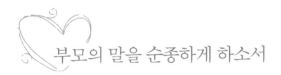

부모의 말을 순종하게 하소서

천지와 인간을 창조하신 하나님!
하나님의 복은 부모님을 통해 오는 것을 믿게 하시고
부모님의 말에 순종하는 자에게
하나님이 허락한 복이 주어짐을 깨닫게 하소서.
부모는 하나님의 축복을 받는 축복의 통로임을 기억하게 하소서.

내가 나를 볼 때 마음에 안 드는 일이 있어도 나를 사랑하듯이
설령 부모님의 모습 중에 마음에 안 드는 모습이 있어도
무조건 순종하며 부모님을 존경하게 하소서.
하나님의 뜻에 어긋나는 것일 때를 제외하고는 순종하게 하소서.
그럴 때 하나님께서 하시는 일이 이해되지 않아도
신뢰하며 끝까지 하나님을 사랑할 수 있는 믿음을 주소서.

이삭이 자기를 제물로 바치는 아버지 아브라함의
이해 안 되는 행동에 어떻게 순종했을까를 생각하게 하시고
이해 안 되는 부모님의 행동을 보면 순종이 힘들지만
나를 사랑하는 부모님의 마음을 이해하며

그런 행동을 하시는 부모님의 마음을 신뢰하게 하소서.
욥처럼 도저히 이해 안 되는 일을 당해도
끝까지 하나님을 신뢰하는 것처럼
하나님이 주신 부모님의 말씀을
사랑의 힘으로 순종하는 법을 배우게 하소서.

예수님처럼 부모에게 순종하고 공경하는 자녀에게
부모님의 입을 통하여 하늘의 복이
영원히 유통될 것을 소망하게 하소서.
부모에게 순종하는 법을 배울 때
자기를 죽이고 포기하는 능력이 생기오니
순종 속에 숨겨진 비밀을 깨닫게 하소서.
부모님도 인간의 죄를 가졌기에 불합리한 것이 있지만
말보다 부모님의 인격과 자체에 순종하는 은혜를 주시고
부모와 자녀의 관계를 깊게 하는 데 초점을 두게 하소서.
예수님의 이름으로 기도합니다. 아멘.

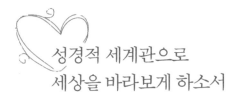

성경적 세계관으로
세상을 바라보게 하소서

사랑의 주님!
우리 형상의 출발점이 되시는 주님의 형상을 충만하게 하소서.

세상을 바라볼 때 인간의 생각으로 보지 말고
하나님 형상의 모습대로 바라보게 하소서.
하나님이 주시는 말씀 안에서 이 세상을 바라보게 하시고
말씀이 응하는 믿음으로 바라보게 하소서.

부정적인 세계관이 마음에 자리 잡지 않게 하시고
모든 것을 하나님의 섭리로 바라보게 하소서.
모든 것에 하나님의 선한 뜻이 숨어 있음을 믿게 하시고
듣고 보이는 대로 판단하지 말고
하나님의 지혜로 생각하게 하소서.

세상의 잘못된 가치관이나 관점이
마음에 들어오지 않도록 하시고

진리의 말씀만이 그 마음에 가득하게 하소서.
말할 때 주님이 말씀하는 것같이 품위 있게 하시고
결정할 때 늘 주님의 뜻 안에서 선택하게 하소서.
언제나 주님의 마음을 품고 세상을 바라보며
주님의 사랑으로 사람을 대하는 신실한 마음을 주소서.

자기의 고집을 버리고
주님의 뜻을 먼저 생각하게 하시고
이 세상의 나라가 아니라
하나님의 나라를 이루는 마음으로
모든 일을 대하게 하시며
닥쳐오는 환경을 잘 감당하게 하소서.
예수님의 이름으로 기도합니다. 아멘.

언어 능력을 주소서

말씀으로 세상을 창조하신 하나님!
오늘도 말씀으로 모든 게 성취 됨을 믿고 그 이름을 찬양합니다.

말할 수 있게 하심을 감사합니다.
말하고 싶어도 말할 수 없는 사람이 많은데
자유롭게 말할 수 있는 것이
얼마나 고맙고 감사한 은혜인지 모릅니다.
혀와 입술을 주신 특별한 은혜를 감사하게 하소서.
무엇보다도 주신 혀를 잘 사용하게 하소서.
상대방에게 상처주는 말을 하지 않게 하시고
상대방에게 위로와 격려를 주는 말을 하게 하소서.
원망하는 언어를 제거하게 하시고
참고 인내하는 은혜의 말이 되게 하소서.

사랑하는 사람에게 부정적인 말을 하기보다는
긍정적이며 하나님의 축복을 빌어주는 언어를 사용하게 하소서.
혹시라도 인격을 무시하고 저주하는 언어를 사용하지 않도록 마음을 선한 것으로 채워주소서.
마음에 쌓는 대로 입으로 나온다고 했으니
마음을 거룩한 것으로 채우게 하시고
좋은 생각과 아름다운 마음을 품게 하소서.

언어를 통하여 공동체를 세우고
서로의 관계를 올바르게 세우는 삶을 허락하소서.
좋은 언어를 통하여 주위 사람들이 희망과 격려를 얻게 하소서.
나의 언어를 말씀으로 새롭게 창조하시어
공동체의 유익을 주는 덕을 세우는 언어가 되게 하소서.

사람에게 상처를 주기보다 사람을 치유하는 언어가 되게 하시고
한 치의 혀에 인생의 성패가 달려 있음을 생각하고
말할 때마다 하나님 앞에서 두려움을 갖고 사용하게 하소서.
실천하지 못할 말을 급하게 하지 말고
깊게 생각하여 책임지는 말을 하게 하소서.
언어를 통하여 들어오는 사탄의 미혹을 잘 분별하여
거짓된 말을 버리고 진실한 언어를 사용하게 하소서.
예수님의 이름으로 기도합니다. 아멘.

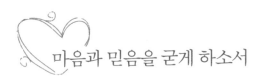

마음과 믿음을 굳게 하소서

사람의 마음을 창조하신 하나님!
나의 마음에 선한 것으로 가득하게 하소서.
다른 악한 것이 들어오지 않도록 주의 말씀으로 늘 채워주시고
마음이 감정이나 주위 환경에 휩싸이지 않고
진리되신 말씀에 뿌리를 두게 하소서.
하루에도 수없이 변하는 불안전한 사람의 마음을 의지하지 말고
변하지 않는 하나님의 마음에 소망을 두게 하소서.

사람을 의지하는 마음에서
하나님을 의지하는 마음으로 변하게 하시고
물질을 사랑하는 마음에서
하나님을 사랑하는 마음으로 전환하게 하소서.
마음의 평안을 세상에서 얻으려 하지 말고
주님을 신뢰함으로 평안을 얻게 하소서.

헛된 세상의 영광에 마음을 빼앗기지 않고
하늘의 영원한 소망에 마음을 두게 하소서.

서로 교제할 때도 상대방의 마음에 관심을 두기보다는
주님의 마음에 관심을 두고
주님의 마음으로 상대방을 바라보게 하소서.

어쩌다 마음이 상하고 우울할 때도
주님에게 마음을 맞추게 하시고
늘 그리스도의 마음을 품는 훈련을 하게 하소서.
악한 마음이 자리 잡지 않도록
성령의 생각에 나의 마음을 순종하게 하시고
하나님의 마음으로 내 마음을 가득 채우게 하소서.
예수님의 이름으로 기도합니다. 아멘.

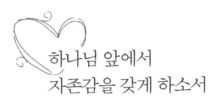

하나님 앞에서
자존감을 갖게 하소서

모든 것의 시작이 되시는 주님!
세상을 살아가면서 나 때문에 힘들 때가 많습니다.
어려운 문제가 발생할 때
다른 사람으로 인해 생긴 문제인 것 같지만
알고 보면 나 자신의 문제인 것을 깨닫게 하소서.
내가 나를 가장 잘 아는 것 같아도
알고 보면 내가 나 자신을 가장 잘 모르는 것을
인정하는 사람이 되게 하소서.
아무것도 아닌 자존심을 세우기 위해
인간의 욕심을 부리지 말게 하시고
상대방에게 무리한 것을 요구하지 않게 하소서.

나의 인격이 존귀하듯
상대방의 인격 또한 존귀한 것임을 알게 하시고
나보다 남을 낮게 여기는 삶을 살게 하소서.
남을 귀하게 보면서 내가 귀하게 여김받는 진리를 알게 하시고

친밀할수록 더욱더 상대방을 존경하고
인격을 세우는 사람이 되게 하소서.
나의 인격이 하나님의 인격을 닮아가게 하시고
그런 모습 속에서 모든 사람을 대하게 하소서.
한 영혼을 위해 모든 것을 버리고 찾아나서는
주님의 사랑을 나의 인격 속에 심게 하시고
그런 눈으로 모든 사람을 사랑하고 섬기게 하소서.

자존심으로 상처를 입었을지라도
그것으로 시험에 들게 하지 마시고
오히려 그것을 기회로 자신을 십자가 앞에 죽이는
연단의 기회로 삼게 하소서.
또한 내 안에 계신 주님을 높이기 위해
우선적으로 나의 낮아짐을 수용하게 하소서.
하나님이 나의 자존심을 높여주시는 그날을 바라보면서
인내하며 살게 하소서.
오직 내 안에 그리스도만이 존귀하게 하는 데
나의 자존심을 사용하게 하소서.
예수님의 이름으로 기도합니다. 아멘.

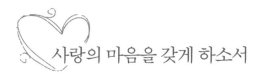
사랑의 마음을 갖게 하소서

사랑의 주님!
자기 몸을 바쳐 우리를 구원해주신 주님을 찬양합니다.

온전히 주님의 사랑을 닮게 하소서.
인간적인 사랑에 머물지 말고
하나님의 사랑을 배우게 하소서.
하나님의 사랑을 얻기 위해 무엇보다 먼저
하나님 앞에서 자기를 포기하는 믿음을 주시고
주님의 사랑을 체험하여 세상을 사랑하게 하소서.
사랑하되 끝까지 사랑하며
변하지 않는 신실한 사랑을 하게 하소서.
받기보다는 주는 사랑을 하게 하시고
이해받기보다는 이해하는 사랑을 주시며
대가 없이 거저주는 사랑을 체험하게 하소서.

날이 가면 갈수록 얼굴이 사랑으로 가득하게 하시고
사람을 대하든지 무엇을 하든지

사랑의 마음으로 하게 하소서.
말씀을 읽을 때도 주님을 사랑하는 마음으로 하고
봉사를 할 때도 주님을 사랑하는 마음으로 충성되게 하소서.
사람과 만날 때도 사랑의 마음이 가득 풍겨 나오게 하시고
주님의 사랑으로 미움의 세상을 덮게 하소서.

주님의 사랑으로 죄지은 자를 용서하게 하소서.
서로 만남을 가질 때마다 주님의 사랑이 풍성하게 하시고
깊은 사랑을 느끼게 하소서.
주님의 은혜를 허락하시어
이 세상에 가장 큰 것이 사랑임을 확신하게 하소서.
주어진 인생을 오직 주님을 사랑하고 이웃을 사랑하는 일에
모든 것을 바치도록 도와주소서.
예수님의 이름으로 기도합니다. 아멘.

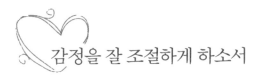

감정을 잘 조절하게 하소서

온전한 인격을 가지신 주님!
우리의 마음을 가장 잘 아시는 주님을 찬양합니다.
이런 주님을 내 마음에 모셨다는 것에 감사드립니다.
나의 감정을 잘 아시듯
다른 사람들의 마음과 감정도 잘 아실 줄 믿습니다.
기도하기는 주변 사람이 느끼는 감정에 무디지 않게 하시고
작은 것에도 감동을 받는 마음을 주소서.

모든 것을 분석적이고 이성적으로 볼 수 있는 마음을 주시되
아울러 포근한 감정으로 사람을 대하는 능력도 함께 주소서.
감정을 잘 다스리게 하시고
지·정·의가 균형 있게 작용하여
감정에 너무 지배당하지 않게 하소서.

사람을 대할 때 그 사람이 처한 상황과
감정을 잘 이해할 수 있는 마음을 주시고
자기 입장에서만 바라보지 말고

다른 사람의 입장과 마음을 헤아리게 하소서.
감정이 너무 격하여 이성을 잃어버리는 일이 없도록 하시고
모든 것을 소중하게 볼 수 있는 마음을 주소서.
감정을 자기의 편견에 지배당하지 않게 하시고
오직 성령의 지배 속에 모든 감정을 잘 절제하도록 도와주소서.

하늘같은 마음을 주시어
하찮은 것에 시간을 허비하지 말게 하시고
아무리 어려운 일이 닥쳐도
흔들리지 않는 반석 같은 마음을 주소서.
감정을 주신 하나님께 감사하며
그 감정을 거룩한 감정으로 변화시켜주소서.

즐거워하는 사람과 함께 즐거워하고
슬퍼하는 사람과 함께 슬퍼하게 하소서.
고통받는 사람의 마음을 헤아리게 하시고
그들의 심정에 동참하는 데 감정이 사용되게 하소서.
나의 분노를 표출하는 데 감정을 사용하지 않게 하시고
상대방을 이해하고 공감하는 데 감정을 사용하게 하소서.
예수님의 이름으로 기도합니다. 아멘.

건강한 몸으로 하나님께 영광을
돌리게 하소서

우리의 힘이 되신 하나님!
지금 나에게 주신 건강을 감사합니다.

건강이 사람에게서 온 것이 아니라
하나님으로부터 오는 것임을 알게 하시고
건강을 통하여 하나님을 찬양하고
늘 생활 속에서 감사하게 하소서.
건강을 하나님을 위하여 사용하게 하시고
인간의 만족이나 욕망을 위해 사용하지 말게 하소서.
나를 위하여 건강을 주신 것이 아님을 알게 하시어
하나님의 나라와 의를 구하는 일에 건강을 사용하게 하소서.

건강이 늘 존재하는 게 아님을 알게 하시고
건강이 주어졌을 때 주님을 위해 사용하게 하소서.
건강을 위해서 우리의 몸을 잘 다스리고
관리할 수 있는 능력을 주소서.

하나님의 방법에 따라 몸을 관리하게 하시고
나의 몸이라 생각하며 함부로 다루거나 혹사하지 않게 하소서.
나의 몸이 내 것이 아님을 늘 인정하면서
주님의 방법대로 건강을 이루게 하소서.

건강이 좋지 않을 때도
건강하지 못한 것을 원망하지 말게 하시고
하나님께 건강을 위해 계속 기도하면서
그 건강으로 하나님을 위해 사용하는 비전을 품게 하소서.
하나님의 방법으로 건강해질 줄 믿는 믿음을 주시고
인간의 연약함을 고치시는 능력의 하나님을 신뢰하게 하소서.

육신의 건강보다 마음의 건강과 영혼의 건강에
우선을 두게 하시고
마음의 건강으로 육신의 건강을 돌보게 하소서.
건강할 때나 건강하지 못할 때나 상관없이
주님을 사랑하고 주님을 섬기는 마음을 주소서.
언제나 하나님이 허락하실 때만 건강이 유지됨을 믿고
건강이 허락될 때 하나님을 즐겁게 하는 일에 힘쓰게 하소서.
예수님의 이름으로 기도합니다. 아멘.

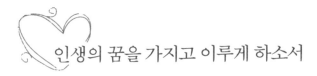

인생의 꿈을 가지고 이루게 하소서

새로운 꿈을 주신 하나님!
마음에 소원을 두고 그것을 이루게 하시는
하나님을 믿게 하심을 감사드립니다.
하나님을 믿으면서 꿈을 갖게 되었으며
예수님을 만나면서 꿈이 달라졌음을 찬양합니다.

하나님이 주신 비전을 가슴에 품고
그것을 끊임없이 열망하며 비전을 이루기 위해
기도하며 수고하는 사람이 되게 하소서.
내가 만들어낸 비전이 아닌 하나님이 주신 비전임을 확신하며
그것을 이루기까지 하나님은 나를 떠나지 않음을 믿게 하소서.

간절히 기도하기는 하나님의 비전을 통하여
하늘의 뜻이 땅에서도 그대로 이루어지게 하시고
미워하는 사람이 사랑의 사람으로,
목표가 없는 사람이 비전을 가지게 하소서.
하나님이 주신 비전을 찾게 하시고

그것을 통하여 하나님의 영광을 높이게 하소서.

힘이 들고 연약할 때마다 하나님이 주신 비전을 부여잡고
그것을 향해 달려가게 하소서.
우리가 꿈꾸는 비전이
세상에서 끝나는 일시적인 비전이 아니라
영원한 하나님의 나라로 이어지는
약속을 이루는 비전이 되게 하시고 하늘나라에서도
그것을 바라보며 기뻐하는 비전이 되게 하소서.

하나님의 비전을 통해 점점 더 하나님의 형상을 닮게 하시고
하나님의 비전을 품으면서
하나님의 나라를 세우는 일에 더 헌신하는 사람이 되게 하소서.
시간이 가면서 하나님의 비전이 더 구체화되게 하시고
흔들리지 않는 비전,
하나님의 꿈을 이루는 비전으로 다가서게 하소서.
예수님의 이름으로 기도합니다. 아멘.

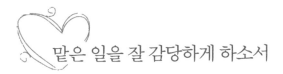

맡은 일을 잘 감당하게 하소서

세상을 창조하신 하나님!
인간을 만드셔서 생육하고 번성하여 땅에 충만하고
세상을 다스리라고 복된 명령을 하신
하나님의 사랑에 감사드립니다.
세상에 지배당하지 않고
세상을 지배하며 관리하는 청지기로 삼아주신
하나님께 영광을 올립니다.

직장을 통하여 일하게 하심을 감사드립니다.
건강을 통하여 일하게 하심을 감사드립니다.
일하고 싶어도 일자리가 없고 건강을 잃어서
일을 감당하지 못하는 사람이 있는데
우리에게 좋은 일을 허락하시어
그것에 감사하면서 살아갈 수 있다는 것은
하나님의 특별한 은혜입니다.
주신 일에 감사하며 그것에 충성을 다하는 우리가 되게 하소서.
일을 통하여 하나님을 기쁘게 해드리고

일을 통하여 선한 일을 하도록 인도하소서.

일을 하면서 어렵고 힘들 때는
인간의 죄로 인한 결과임을 생각하며
하나님을 더욱 의지하게 하시고
일을 통하여 즐거움과 만족과 성취감이 생길 때는
인간의 힘으로 된 것이 아님을 생각하며 교만하지 않게 하시며
그 일을 통하여 하나님께 영광을 돌리게 하시고
하나님을 위하여 더욱더 열심히 일하는 충성심을 허락하소서.

일을 통하여 좋은 결과를 맺게 하시고
땀 흘린 만큼, 수고로이 일한 만큼의 보상을 얻게 하시며
하나님의 은혜로 생각 이상의 복을 허락하소서.
그럼으로 인해 인간이 일하지만
모든 것이 하나님의 손 안에서 역사하심을 체험하게 하소서.
일하면서도 안식을 기억하여 하나님 안에서 쉼의 은혜를 주소서.
자칫 일의 노예가 되기 쉬운데
그것에서 해방될 수 있는 자유로움도 허락해주소서.
예수님의 이름으로 기도합니다. 아멘.

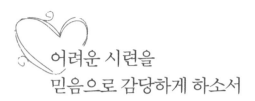

어려운 시련을
믿음으로 감당하게 하소서

시련 가운데 함께하시는 하나님!
인생을 살다보면 어려운 일이 다가옵니다.
그때마다 시련 속에 계시는 하나님을 보게 하소서.

우리가 어려움을 당할 때 하나님은 등 돌리지 않으시고
우리가 괴로워할 때 하나님은 외면하지 않으시며
우리가 이기지 못할 때 하나님은 모른 체하지 않으심을 믿습니다.
우리가 힘들 때마다 당장 나타나서 도와주지 않으시고
멀리 계시는 것처럼 느껴지지만
알고 보면 가장 가까운 곳에 계시는 하나님을 찬양합니다.
당장 하나님의 도움의 손길이 안 올 때는
숨어 계시는 하나님을 향하여 원망하지만
그것이 우리를 가장 효과적으로 도와주시는
하나님의 방법임을 믿게 하소서.

내가 고통당할 때 나의 고통을

가장 잘 아시는 주님임을 알게 하시고
시련이 깊을수록 주님 안에 깊이 들어가게 하시며
고통이 심할수록 주님의 마음속으로 더 깊이 들어가는
은혜를 허락하소서.
고난 가운데 들리는 하나님의 음성을 듣게 하시고
역경 가운데 주시는 하나님의 말씀을 보게 하소서.

시련이 올 때 문제를 다른 사람에게 돌리기보다는
나의 잘못으로 생각하여 회개하는 심정을 허락하소서.
모든 시련은 뜻이 있고, 알 수 없는 고통에는
언제나 하나님의 의미가 담겨 있는 선물임을 알게 하시어
어떤 힘든 일 가운데서도 주님을 의지하고
능히 하지 못할 일이 없는 하나님의 역사를 바라보게 하소서.
채찍 속에서 하나님의 따스한 어루만짐을 체험하게 하시고
깊은 수렁에 넣게 하심을 통해 하나님의 깊은 사랑을 알게 하소서.
믿음의 사람에게 주시는 시련은
지금보다 더 나은 길을 위해 인도하시는
하나님의 특별한 은혜임을 알게 하소서.
예수님의 이름으로 기도합니다. 아멘.

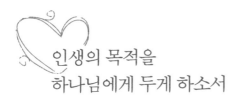

인생의 목적을
하나님에게 두게 하소서

만왕의 왕 되신 하나님!
높은 보좌를 버리시고
낮고 천한 세상에 독생자 아들을 보내주신
그 은혜를 찬양하고 감사합니다.

섬김을 실천하면서 끝까지 섬김의 본을 보이시고
우리를 위해 대신 죽으신 그 하나님의 사랑을 경배합니다.
우리 안에 예수 그리스도의 보화가 있음을 믿게 하시고
그 보화를 드러내는 데 모든 삶을 집중하게 하소서.

오직 내 안에 계신 그리스도만이
존귀하게 하는 사람이 되게 하소서.
세상에서 우리의 이름을 드러내는 야망에서
주님의 이름을 드러내기 위한
거룩한 열망으로 과감히 전환하게 하시고
주님을 이용하여 우리의 권세가 높아지려는 유혹을 벗어버리고 우리를 사용하여 주님의 권세가 높아지는 꿈을 품게 하소서.

오직 주님의 이름만
오직 주님 자신만
오직 주의 나라만
이 땅에 임하는 소망을 갖게 하시고
그것을 위해 자신을 불태우게 하소서.

주님이 사는 것이 내가 사는 것이요
주님이 높아지는 것이 내가 높아지는 것이요
주님이 나타나는 것이 내가 나타나는 것임을 알게 하소서.
세상의 야망에 휩싸일 때마다
주님을 향한 거룩한 야망에 불을 지피우기를 원합니다.
주님의 나라가 이 땅에 세워지는 그날을 향해 달려가게 하시고
주님의 뜻이 이 땅에 이루어지는 그날을 바라보게 하소서.
예수님의 이름으로 기도합니다. 아멘.

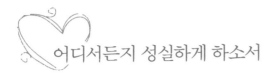

어디서든지 성실하게 하소서

신실하신 하나님!

우리에 대해서 그토록 신실함을 보여주셨던 주님을 본받게 하소서.

우리는 본래 죄악된 출생이라 신실할 수 없었고

신실함을 유지하려 해도 그것은 불가능한 것이었습니다.

그럼에도 때때로 신실함을 위장했던 것을 용서하소서.

지금부터는 철저히 죄악된 우리의 모습을 인정하고

인간적인 신실함을 기대하기보다는

오직 주님의 신실함을 배워서

주님의 신실함을 내 안에 가득 채우게 하소서.

주님이 나를 대한 것같이 우리가 다른 사람을 대하게 하시고

주님이 우리를 향해 변하지 않는 마음을 품었던 것처럼

우리도 주님을 향해 변하지 않는 마음을 품고 충성하게 하소서.

한 번 약속을 정하고 우리와 언약을 맺는 그것에

십자가의 죽음으로써 약속을 충실히 지키셨듯이

우리도 주님을 향해 주님이 주신 약속을 지키며 순종하게 하소서.

서로의 사이가 주님의 신실함으로 채워가게 하시고
서로의 사이가 신실한 관계로 사랑을 세우게 하소서.
주님의 말씀 속에서 날마다 신실함을 배우게 하시고
한번도 나를 버리지 않고 책임져주시는 주님의 신실하심을 믿고
우리가 만나는 상대방에 대해서 신실함을 갖게 하소서.
하나님에게 배운 신실함으로
만나는 모든 사람에게도 주님의 신실함을 실천하게 하소서.
예수님의 이름으로 기도합니다. 아멘.

"아내를 통해서 나를 돌아보고
아내의 말에 귀 기울여
하나님의 선하시고 온전하신 뜻을 이루게 하소서."

4

아내를
우뚝 세우는
남편의 기도

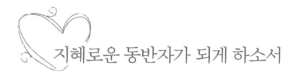

지혜로운 동반자가 되게 하소서

사랑의 주님!
저에게 아내를 주신 것에 감사드립니다.

사람이 독처하는 것을 좋게 보지 않으시고
저를 사랑하시는 주님의 은혜로
동반자로서 아내를 주신 것을 찬양합니다.
우리가 서로 그리스도 안에서 하나 되게 하신 것은
그리스도와 한몸을 이루게 하시는 은혜인 줄 믿습니다.
부부로 관계를 맺게 해주셔서
지금까지 사랑으로 살게 하심을 감사드립니다.

기도하기는 나의 부족함을 채워주고
나의 빈 공간을 채워서 온전한 삶을 살게 해주소서.
그리스도께서 우리를 사랑하듯이
아내를 마음 깊게 사랑하게 하시고
잘 보살피고 돌보며 보호하게 하소서.
아내의 연약함을 이해하고 아끼게 하소서.

한길을 향해 가는 동반자인 것을 늘 기억하여
전심으로 아내를 사랑하게 하소서.

아내를 통해서 나를 돌아보고
아내의 말에 귀 기울여
하나님의 선하시고 온전하신 뜻을 이루게 하소서.
하나님이 주신 고귀한 선물로 생각하며
마음이 상하지 않도록 배려하고 존경하는 마음을 주소서.
부부는 한몸이기에 생각과 마음과 영이 소통이 잘되게 하시고
서로가 부족한 점은 성령님께서 도와주소서.

단점을 보기보다 장점을 보게 하시고
장점을 통해 서로의 유익을 구하게 하소서.
하나님의 나라를 향해 나아가는 동반자와 동역자로서
말씀과 기도로 하나 되는 은혜를 주소서.
마음과 영혼이 서로 통하는 친밀한 관계가 되게 하시고
날마다 새롭고 신선한 부부가 되게 하소서.
예수님의 이름으로 기도합니다. 아멘.

가정에서 남편의 권위를 세우고
순종하게 하소서

은혜의 주님!
가정의 주인으로 남편을 세워주신 것을 감사드립니다.
스스로 주인 된 것이 아니라
하나님이 세워주신 질서임을 이해하고
가정의 대표자로 남편을 인정하게 하소서.
제가 하나님을 잘 바라보도록 돕고
바른 길이 아닐 때는 정직하게 주님의 뜻을
실천하는 사람으로 세워주소서.

남편이 가정에서 권위가 설 때 가정을 잘 이끌어갈 수 있습니다.
사람에게 순종하듯 하지 말고
주님께 순종하는 마음으로 남편의 말을 따르게 하소서.
먼저 저에게 인격적으로 성숙하게 하시고
진심으로 아내가 존중하는 남편으로 세워주소서.
서로의 인격을 존중하고 하나님의 질서에 순종하는 본을
자녀들에게 보임으로써 순종의 모델이 되게 하소서.

한 가정을 평생 세워간다는 것은
혼자만의 힘으로 불가능합니다.
주여, 기도하오니 아내를 통하여 이것을 이루게 하시고
아내에게 너그러운 마음을 주셔서
부족한 남편을 순종하고 따르면서 힘을 부어주는 능력을 주소서.
사소한 것에, 부수적인 일에 가치를 두기보다
본질적이고 중심적인 것에 가치를 두고
남편에게 복종하며 따르는 은혜를 주소서.

인간적인 것에 이끌려 하나님의 은혜를
경솔하게 생각하지 말게 하시고
영원하고 가치 있는 것에 소망을 두고
가정을 함께 세우게 하소서.
남편을 대할 때 허물보다 가능성을 보고
좋은 점을 보고 늘 긍정적인 자세로 대하게 하소서.
감사하는 마음을 주시고 어려움을 잘 이기는 능력을 주셔서
남편이 그 힘으로 가정을 즐겁게 이끌어가도록
아내에게 더 큰 은혜를 충만하게 부어주소서.
인간의 힘으로는 불가능하오니
주님이 주시는 힘으로 잘 섬기게 하소서.
예수님의 이름으로 기도합니다. 아멘.

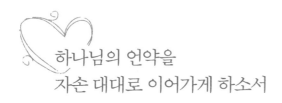

하나님의 언약을
자손 대대로 이어가게 하소서

약속을 성취하시는 주님!
귀한 가정을 주신 하나님께 감사합니다.

하나님이 세우신 가정은 언약을 통해서 이루어지는 것으로
가정을 지키는 것은 곧 언약을 지키는 것임을 알게 하소서.
아내에게 먼저 하나님 언약의 말씀을 지키는 것에
즐거움을 얻게 하시고
말씀으로 가정을 세우는 일에 힘쓰게 하소서.

한 가정이 세워지는 것은 인간의 힘으로 되는 게 아닙니다.
인간의 생각과 경험은 늘 문제가 생길 수 있고 변질될 수 있습니다.
이것을 해결하는 길은 오직 말씀에 충실하는 일임을 알게 하소서.

주님, 기도하기는 언약을 이어가는 가정을
이루고자 하는 소망을 갖게 하시고
그 소망을 두고 가정을 세워가게 하소서.

갈수록 세속화되는 세상의 흐름 속에서
가정을 세워가는 길은 오직 말씀으로 다시 새롭게 하는 길입니다.

주여, 원하기는 하나님의 말씀을 가정의 중심에 두고
기초부터 믿음을 다져나가게 하소서.
사람의 기준에서 움직이는 가정이 아니라
진리로 가정을 남편과 같이 세워가게 하소서.
말씀을 떠날 때는 과감하게 회개를 촉구하고
작지만 강한 가정으로서
언약을 이어가는 가족의 비전을 갖게 하소서.

아내로서, 엄마로서, 또 그리스도인으로서 자리를 지켜
세상의 유혹에 빠지지 않고 흔들리지 않는
든든한 가정을 세우게 하소서.
성령의 충만함을 갖게 하시어
자기의 뜻이 아닌 하나님의 생각을 따라
주님이 보실 때 좋은 가정을 세우는 힘을 주소서.
예수님의 이름으로 기도합니다. 아멘.

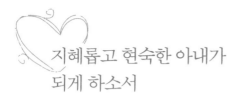

지혜롭고 현숙한 아내가 되게 하소서

지혜의 근원이신 주님!
사랑하는 아내에게 주님의 마음을 갖게 하시고
주님을 경외하는 아내로 세워주소서.

가정을 이끌어가는 것은 지혜입니다.
지혜의 소중함을 알게 하시고
지혜의 근원이신 하나님에게 마음을 두고 살게 하소서.
행복한 가정은 물질과 인간의 힘으로 이루어지는 것이 아닌
하나님이 주신 지혜와 총명함으로 이루어짐을 알아
후히 주시는 하나님께 지혜를 구하게 하소서.

지혜롭고 현숙한 아내가 있으면 가정은 흔들리지 않습니다.
아내에게 이런 은혜가 가득 차기를 기도합니다.
사탄은 늘 가정을 무너뜨리려고 기회를 보고 있습니다.
사탄이 하와를 미혹하여 하나님의 명령을 어기고
자기가 원하는 것을 추구했습니다.

그 결과 인류가 불행하게 되었습니다.

주님, 기도하기는 사랑하는 아내에게
지혜를 충만하게 부어주소서.
지혜는 배우고 깨달은 것을 삶에 적용하는 능력임을 알게 하시고
말씀을 실천하는 힘을 얻게 하소서.

하나님의 지식을 배우는 데 그치면 삶에 영향을 미칠 수 없습니다.
말씀을 배우고 깨닫는 것은 결국 실천하기 위해서임을 알게 하소서.
이때 필요한 것이 지혜입니다.
지혜를 얻기 위해서는 지혜를 사모해야 합니다.
하나님은 지혜를 사모하는 자에게 주십니다.
그리고 어린아이처럼 단순하고 정직한 사람에게 주십니다.

사랑하는 아내에게 자기를 낮추는 능력을 얻게 하시고
시간이 갈수록 점점 지혜로운 아내가 되게 하소서.
그리하여 가정을 바르게 인도하고
남편을 굳건하게 세우는 역할을 감당하게 하소서.
다윗의 분노를 그치게 한 아비가일의 지혜를 배우게 하소서.
예수님의 이름으로 기도합니다. 아멘.

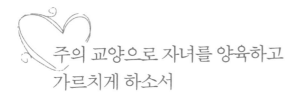

주의 교양으로 자녀를 양육하고
가르치게 하소서

진리 되신 주님!

지금까지 가정을 지켜주신 하나님께 감사드립니다.

어려운 가운데서도 가정을 지켜오게 하신 것은

전적으로 하나님의 은혜입니다.

점점 가정이 파괴되고 분열되는 모습을 많이 봅니다.

이런 세상 속에서 우리 가정을 잘 지켜온 것은 아내의 덕분입니다.

사랑하는 아내에게 말씀의 지혜의 은사가 임하게 하소서.

그리하여 자녀를 말씀으로 잘 가르치고

지켜 행하게 하는 데 충성되게 하소서.

가정에서 자녀가 주의 말씀과 교훈으로 훈련받는 것은

아내의 몫이 큽니다.

자녀는 부모의 본을 보고 자랍니다.

가장 큰 가르침은 하나님의 말씀을

마음에 새겨주는 일임을 알게 하소서.

특히 어릴 때 새겨진 말씀은 평생을 살게 합니다.

주님, 원하기는 아내를 말씀으로 양육하는 엄마로서 세워주소서.
거짓과 속임수가 가득 찬 세상 속에서
승리하는 자녀가 되기 위해서는 엄마를 통하여
주의 말씀을 배우는 일입니다.
이스라엘 백성에게 주셨던 쉐마의 교육법을 적용하여
자녀에게 적용하게 하소서.
하나님을 사랑하고 이웃을 사랑하는 말씀을
자녀에게 이야기해주고 가르치게 하소서.
일방적으로 전하기보다는 인격적인 대화를 나누면서
말씀의 소통이 잘 이루어지도록 가르치는 은사를 계발하게 하소서.

어떻게 주의 말씀을 잘 가르치고 양육해야 할지를 생각하며
좋은 교육법을 배우고 준비하게 하소서.
당장의 성적이나 결과에 너무 이끌리지 말고
지속성을 가지고 성경 교육에 집중하게 하소서.
사람을 변화시키는 것은 오직 말씀입니다.
지금은 변화가 일어나지 않지만
말씀을 마음에 새기면 언젠가는 말씀의 힘이
발휘하게 됨을 믿게 하소서.
예수님의 이름으로 기도합니다. 아멘.

자녀를 사랑과 온유함으로 훈계하게 하소서

온유하신 주님!
주님은 "나는 온유하고 겸손하다"고 말씀하시면서
주님을 본받으라고 하셨습니다.
아내가 자녀를 양육하고 가르칠 때
감정을 가지고 대하지 말고 온유한 마음으로 대하게 하소서.
특히 자녀의 잘못된 일을 훈계할 때
깊게 생각하고 사랑과 온유함을 나타내게 하소서.

자녀의 감정을 상하게 하는 잔소리가 되지 않게 하시고
자녀가 부모의 말씀을 잘 경청하게 하소서.
자녀에게 노여워하지 말고 진솔함으로 가르치게 하소서.
자녀를 대할 때 인격적으로 대하게 하시고
하나님이 맡겨주신 자녀로서 존중하게 하소서.
부모의 권위를 너무 강요하지 않게 하시고
섬기는 부모의 모습을 보여 자발적으로 순종하게 도와주소서.

자녀를 자기의 것으로 생각하지 말고
하나님이 맡겨주신 양으로 생각하며
나의 뜻대로가 아닌 하나님의 뜻대로 양육하도록 인도하소서.
말로 양육하기보다는 삶으로 양육하고
본을 보이는 엄마가 되게 하소서.

인간의 시선에서 하나님의 시선을 향하게 하시고
하나님의 심정을 가지고 자녀를 가르치게 하소서.
아내에게 온유한 성품을 갖게 하시고
주님의 온유함을 늘 배우게 하소서.
가정을 평화와 온유함이 충만한 분위기로 만드는 지혜를 주시고
날마다 말씀으로 새롭게 하소서.
예수님의 이름으로 기도합니다. 아멘.

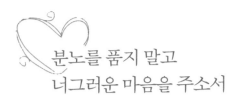

분노를 품지 말고
너그러운 마음을 주소서

공의로우시고 자비로우신 주님!
하나님의 공의가 있기에 지금 세상이 이렇게 유지되고 있습니다.
주님을 믿는 아내에게 주님의 자비와 용서를 배우게 하소서.
분노할 상황이 생길 때 분을 참게 하시고
주님의 너그러움을 갖게 하소서.

혹시 분노할 일이 생기면 하루를 보내기 전에 풀게 하시고
용서하는 너그러운 마음을 주소서.
좁은 마음보다 넓은 마음을 갖게 하시어
작은 것은 흘려버리게 하시고
상대방의 입장에서 생각하는 능력을 주소서.
보통 사람이 보는 외적인 것을 넘어
마음과 영혼을 바라보는 힘을 주소서.

외적으로 나타난 것만 보고 분해하기보다
마음에 심겨진 중심을 볼 수 있는 능력을 갖게 하소서.

상대방의 좋은 점을 보게 하시고
상대방의 강점을 세워주는 아내와 엄마가 되게 하소서.
하나님의 사랑을 체험하여
그 사랑의 깊이로 사람을 보고 대하게 하소서.
편견에 사로잡히다 보면 나의 고집에 빠져 죄를 짓기 쉽습니다.
그때마다 주님의 마음과 말씀에 집중하게 하소서.

하나님과의 관계가 좋으면 사람과의 관계도 좋습니다.
하나님에 대한 깊은 관계는 사람을 행복하게 하고
상대방의 속마음을 보는 힘을 얻습니다.
아내에게 이런 통찰력과 지혜를 주셔서
그 능력으로 가정을 돕고
자녀를 양육하고 남편을 돕게 하소서.
사람을 편안하게 하고 상대방을 배려하며
주님을 생각나게 하는 온유함으로 무장하게 하소서.
예수님의 이름으로 기도합니다. 아멘.

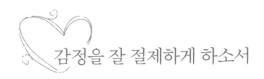

감정을 잘 절제하게 하소서

우리의 아픔과 함께하시는 주님!
우리의 체질을 아시고
우리의 잘못을 그대로 갚지 않으시는 하나님을 찬양합니다.

우리는 죄인이기에 살다 보면 실수와 잘못을 행하기 쉽습니다.
특히 상대의 감정을 상하게 하여 아픔을 주기 쉽습니다.
점점 세상이 개인화되어 감정을 참지 못하고
폭발하는 사람이 많아지고 있습니다.
주변에 이런 사람들로 인하여 다툼과 시비가 일어납니다.
모두 감정을 잘 다스리지 못함으로 생기는 일입니다.
감정을 절제하기 힘든 상황에도
성령님의 인도하심을 통해 감정을 잘 절제하게 하소서.

아내가 감정이 상할 때는 그것을 그대로 표출하기보다
상대방을 이해하고 그것을 수용하게 하소서.
이런 일을 통하여 인간의 본성을 정확히 이해하고
그것에 감정적으로 대하거나 분노를 그치게 하소서.

주여, 기도하기는 아내에게 거룩한 감정을 주시어
그 감정으로 주변 사람을 잘 돌보고
용서하며 사랑을 베풀게 하소서.
인생을 살다 보면 감정을 상하게 하는 일이 많습니다.
그때마다 분노와 이해 못할 일을 잘 참게 하시고
참기 힘들 때는 주님이 이스라엘의 죄악을 오래 참고
기다리신 것을 본받아 닮아가게 하소서.
이런 일을 통해 주님의 성품을 닮아가는 기회가 되게 하소서.

혹시 알게 모르게 아내에게 상처와 분노를 준 일이 있다면
그것을 마음에 품지 말고 주님의 사랑으로 용서하게 하소서.
너그럽게 상대방을 이해하는 관용을 품게 하시고
성령의 9가지 열매를 맺히고자 수고하는 아내가 되게 하소서.
저에게 은혜를 주시어 그리스도께서 교회를 사랑하듯이
아내를 깊게 사랑하게 하소서.
예수님의 이름으로 기도합니다. 아멘.

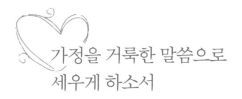

가정을 거룩한 말씀으로
세우게 하소서

말씀으로 세상을 창조하신 주님!
말씀이 육신이 되어 우리 가운데 오신 주님을 찬양합니다.

이 세상은 물질로 구성되었지만
사실은 말씀으로 지어진 세상입니다.
간절히 기도하기는 우리 가정도 말씀으로 세워지게 하소서.
그것에 대한 사명을 아내가 이해하고 소명을 이루게 하소서.
교회가 세워지는 것은 예수님을 모퉁이돌로 삼아
선지자와 사도들의 터 위에 성장하는 것처럼
가정도 이와 같은 것임을 믿습니다.

아내를 통하여 가정이 인간의 기준이 아닌
영원한 말씀으로 가정의 기초를 세우게 하소서.
진실과 정직을 기초로 가정을 세우게 하시고
그것을 실천하는 가정이 되게 하소서.
아내에게 이것을 실천할 수 있는 총명과 지혜를 허락하소서.

아내에게 말씀을 이해할 수 있는 은사를 주시고
잘 가르칠 수 있는 능력을 주셔서
말씀이 살아 움직일 수 있게 하소서.

마리아처럼 말씀을 그대로 받아들일 수 있는 믿음을 주소서.
하나님의 말씀과 기도로 거룩하게 됨을 믿습니다.
아내에게 성령의 충만함을 주시어
주님만 신뢰하는 신실한 제자로 삼아주소서.
한나처럼 기도하는 엄마로,
마노아의 아내처럼 주의 음성에 민감한 아내로,
다윗을 세운 아비가일처럼 지혜로운 아내가 되게 하소서.

남편을 하나님을 바라보도록 길을 열어주는 아내로 삼아주소서.
그리하여 약속을 믿는 언약의 가정으로 든든히 세워가게 하소서.
영원한 소망을 품고 짧은 이 세상을 다스리는
언약의 아내가 되게 하소서.
말씀만이 영원한 능력임을 믿고
가정과 남편과 자녀를 세우는 제자가 되게 하소서.
예수님의 이름으로 기도합니다. 아멘.

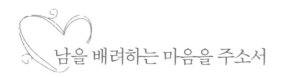

남을 배려하는 마음을 주소서

인간의 몸으로 낮아지신 주님!
우리를 구원하시기 위해 친히 낮아지시고
죽으신 주님의 사랑을 찬양합니다.

아내에게 따스한 마음을 갖게 하시고
상대방의 깊은 것까지 볼 수 있는 능력을 주소서.
사람의 감정과 생각과 뜻을 잘 파악하여
상대방이 원하는 것이 무엇인지 잘 분별하는 힘을 주소서.

다른 사람을 남으로 생각하지 말게 하시고
나 자신에게 대하는 것처럼 하고
이웃을 사랑하는 것이 곧 하나님을 사랑하는 방법인줄 알게 하소서.
남을 배려하는 마음을 주시고
무엇이 필요한지 미리 생각하여 채워주는 사람이 되게 하소서.
주님의 마음을 품고 사람을 바라보게 하시고
선한 사마리아 사람처럼 이웃을 긍휼히 여기는 마음으로
가족과 사람을 대하게 하소서.

남을 먼저 생각하는 마음은

인간의 힘으로 되는 것이 아닙니다.

주님이 능력을 주셔야만 가능한 일이오니

매 순간 주님이 주시는 능력을 덧입고 은혜를 통하여

사랑이 이웃에게 흘러가게 하소서.

마음과 마음이 이어지게 하시고

그것을 통하여 생각과 영혼까지 사랑하는 마음을 갖게 하소서.

십자가에서 우리를 위해 베푸신 은혜를 생각하며

사람을 대하게 하시고

낮은 자세로 상대방을 섬기게 하소서.

마음이 강퍅해지면 이웃을 볼 수 없습니다.

은혜 속에 부드러운 마음을 주시고

그 마음이 이웃에게 전달되고 복음의 빛으로 나타나게 하소서.

예수님의 이름으로 기도합니다. 아멘.

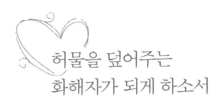

허물을 덮어주는
화해자가 되게 하소서

우리의 연약함을 아시는 주님!
우리는 약하나 우리가 믿는 주님은 강합니다.
우리의 연약함이 나타날 때는
그것을 있는 그대로 인정하고 받아들이게 하소서.
연약한 죄인임을 고백하고 주님을 의지함으로써
다시 시작하게 하소서.

나의 연약함을 보면서 이웃의 연약함을 보게 하소서.
이렇게 되면 상대방의 연약함이 흠으로 다가오지 않고
그것을 감싸줄 수 있습니다.
주여, 원하기는 나의 약함을 통해 능력을 받게 하시고
그 힘으로 가정과 이웃을 섬기게 하소서.
사람과 같이 하다 보면 수많은 사람을 만나는데
그런 사람의 좋은 친구로 남게 하소서.

사람과 오래 지내보면

상대방이 나의 마음에 들지 않는 때도 있듯이
하나님이 하시는 일은 너무 크고 오묘해서
내가 이해 못하는 일이 많습니다.
이때마다 주님의 도우심을 구하고 성령을 따라 살게 하소서.

이웃의 아픔과 허물을 보거든
그것을 확산시키기보다 허물을 덮고 용서하게 하소서.
서로 화해하는 직분을 잘 감당하게 하시고
가정이 말씀으로 든든히 서가게 하소서.

이 세상은 혼자 살 수 없는 곳입니다.
함께 살도록 하셨고
함께하는 공동체로 교회를 세워주셨습니다.
남녀노소 모두가 그리스도 안에서 하나되게 하시고
그런 능력으로 세상을 이기게 하셨습니다.
그런 가운데 화해자로 살게 하시고
주님이 맡겨주신 화목이란 직책을 어디서나 잘 감당하게 하소서.
예수님의 이름으로 기도합니다. 아멘.

인내하는 믿음을 주소서

오래 참으시는 주님!
주님은 오래 참으시는 중에
우리를 구원하시기 위해 세상에 오셨습니다.
주님의 한없는 사랑에 감사드리며 구원하신 주님을 찬양합니다.

주여, 기도하기는 사랑하는 아내에게 인내하는 믿음을 주소서.
가정 안에서, 또 이웃과의 관계 속에서
불합리한 일을 당한다 할지라도 인내하며 견디고
주님이 하시는 때를 끝까지 기다리게 하소서.
믿음은 인내인줄 알고 인내를 통하여
연단과 인격이 성장하는 기회로 삼게 하소서.

인내하면서 자기를 내려놓는 기회로 생각하며
믿음으로 잘 받아들이게 하소서.
사람에게 당하는 일로 생각하지 말고
그 사람을 통하여 주님이 주시는 시련임을 생각하여
잘 견디게 하소서.

세상의 상을 바라기보다는 하늘의 상을 구하게 하소서.
성경의 인물들은 한결같이 긴 인내의 시간을 보낸 것을 기억하며
그들의 믿음을 본받아 살게 하소서.
아내의 인내의 믿음을 통해 온 가족에게 본을 보이는
선한 영향력을 미치게 하소서.

십자가를 향해 가시는 주님의 여정은
참고 인내하시는 모습이었습니다.
아내도 그런 모습대로 살게 하시고
그리스도의 장성한 분량에 이르게 하소서.
끝까지 견디는 아내가 되게 하시고
견디되 억지가 아닌
주님을 생각함으로 즐겁게 인내하게 하소서.
예수님의 이름으로 기도합니다. 아멘.

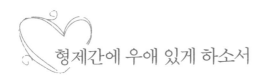

형제간에 우애 있게 하소서

은혜가 풍성하신 주님!
우리에게 독생자를 보내주신 하나님을 찬양합니다.

인간은 죄인이라 이기적인 존재입니다.
다른 사람을 사랑해도 자기 이익을 위해 사랑하는 경우가 많습니다.
주님이 원하시는 사랑은 말과 혀로만 사랑하는 것이 아닙니다.
실천하며 진실함으로 사랑하는 것을 원하십니다.
그런데 인간은 이런 사랑을 할 수 없습니다.
그래서 예수님을 통해 진정한 사랑을 보여주시고
그 사랑을 우리에게 보내주셨습니다.
인간이 사랑할 수 없는 것을 아시고
우리에게 사랑을 부어주셨습니다.

기도하기는 아내에게 먼저 주님의 사랑을 충만하게 부어주소서.
주님의 사랑에 사로잡혀
사랑의 강권하심에 따라 사랑하게 하소서.

가족 안에는 다른 형제가 많습니다.
아내가 그들과 만날 수 있는 시간을 자주 갖게 하소서.
형제들과의 만남을 피하기보다
적극적으로 주의 사랑을 실천하는 믿음을 주소서.
형제간에 평화를 만드는 자로서 역할을 하게 하시고
만날 때 갈등이 많은 것을 염두에 두고
주님의 사랑으로 그들을 사랑하게 하소서.

오해보다는 이해를,
다툼보다는 화해를,
시기보다는 인정을,
주장하기보다는 공감하는 아내가 되게 하소서.
행복은 형제간에 우애를 다지는 가운데 배가 됨을 알고
사랑을 실천하는 데 앞장서는 아내가 되게 하소서.
예수님의 이름으로 기도합니다. 아멘.

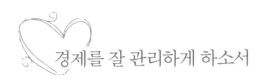

경제를 잘 관리하게 하소서

물질의 주인이신 하나님!
가정을 섬기는 아내에게 물질을 관리할 수 있는 능력을 주소서.
가정의 경제를 하나님의 뜻대로 잘 관리하게 하소서.

인간이 세상을 살아가는 데 물질이 없으면 살아가기 힘듭니다.
물질을 사용하되 물질의 종이 되지 말게 하소서.
물질을 사랑하면 물질이 인간을 지배합니다.
사람이 물질의 노예가 되면
물질 이외에 다른 것은 보이지 않습니다.

간절히 기도하기는
아내에게 물질을 얻는 능력을 주소서.
그리하여 가정을 경제적으로 곤핍하지 않도록 도와주소서.
과소비하지 않게 하시되
너무 물질에 매여 인색한 사람이 되지 말게 하소서.

흩어 구제하는 자에게 하나님이 복주심을 믿습니다.

과도하게 아끼면 오히려 더 궁핍해지기 쉽습니다.
돈은 하나님이 머물게 해야 나의 손에 있게 됩니다.
재물을 얻을 능력은 인간이 아닌 하나님이 주심을 믿게 하소서.

부정직한 돈에 미련을 두지 말고 돈을 정직하게 사용하게 하소서.
세상 창고에 쌓지 말고 영원한 하늘 창고에 쌓게 하소서.
하나님을 위하여 드릴 때는 믿음으로 드리되
인색하게 하지 않고 즐겁게 드리게 하소서.

어리석은 부자처럼 재물 쌓기에 급급한 사람이 되지 않고
영혼을 위해 물질을 사용하게 하소서.
우선순위를 정하여 하나님의 나라와 의를 먼저 구하게 하소서.
믿음으로 살면 물질을 주실 줄 믿고
하나님을 더욱 신뢰하게 하소서.
예수님의 이름으로 기도합니다. 아멘.

"교회에서 배우고 깨달은 은혜를
가정에서 나누게 하시고 거룩한 가정으로서
날마다 말씀과 기도가 충만한 가정이 되게 하소서."

가정을
교회로 세우는
제사장의 기도

가정을 교회로 세우게 하소서

교회의 주인되신 주님!
만세 전부터 교회를 세우신 주님을 찬양합니다.

우리 가정을 오래전에 교회로 불러주신 은혜를 감사드립니다.
우리 가정이 믿음을 갖게 하심은 주님의 놀라운 은혜입니다.
이 복음의 축복을 경홀하게 여기지 말고
가정을 작은 교회로 세워나가게 하소서.

먼저 남편된 제 자신에게 이 사명을 주시어
이 가정을 단순히 먹고사는 가정으로 만족하지 말고
영적 가정으로서 거룩한 교회를 세우는 일을 하게 하소서.
저로 하여금 영적 제사장으로서의 소명을 감당하게 하시고
어떻게 하면 가정을 교회로 세워나갈지 생각하게 하소서.
매 주일 가정예배 시간을 갖게 하시고
말씀과 기도에 열심을 다하도록 지혜를 구하며
실천하는 리더십을 주소서.

하나님의 말씀을 가르쳐 지켜 행하라는 말씀처럼
자녀에게 주의 말씀을 양육하는 능력을 주소서.
이것을 위해 아내와 같이 한마음으로 기도하게 하소서.
이 땅에서 잠시 있다가 사라지는 육신의 가정이 아닌
교회로서 가정을 이루어
아브라함처럼 언약을 붙잡고 복을 이어가는
복의 근원된 가정이 되게 하소서.

교회에서 배우고 깨달은 은혜를 가정에서 나누게 하시고
거룩한 가정으로서
날마다 말씀과 기도가 충만한 가정이 되게 하소서.
악한 세상의 유혹을 이기도록 성령의 지혜를 부어주시고
자녀를 주님의 나라로 인도하는 역할을 잘 감당하게 하소서.
점점 가정이 약해지는 세대 속에서
가정을 올바로 세워 작은 교회로서의 사명을 감당하는
우리 가정이 되게 하소서.
예수님의 이름으로 기도합니다. 아멘.

온 가정이 기도 제물이 되게 하소서

가정을 창조하신 주님!
가정의 주인이신 주님을 찬양합니다.
날마다 가정의 주인되신 하나님을 인정하면서 살게 하소서.
염려와 걱정이 생길 때는 기도하는 가정이 되게 하시고
하나님께 구함으로써 문제를 극복하게 하소서.
인간은 혼자서 할 수 있는 것이 없습니다.
하나님께서 호흡과 힘을 주시지 않으면
단 하루도 살 수 없습니다.
주님으로부터 오는 은혜만이 하루를 살게 하는 원동력입니다.

주님을 의지하면서 간절히 기도하는 것은
우리 온 가족이 가정의 기도 제물이 되게 하소서.
주님이 대속물 됨으로써 우리 모두가 구원을 입은 것처럼
가정을 세우는 것은 기도와 헌신으로 이루어집니다.
우리 가정이 이것에 대한 소명을 갖게 하소서.

위대한 일은 무엇이든지 희생 속에서 일어납니다.

한 사람의 희생이 절대적인데
그 일을 각자가 잘 감당하길 소망합니다.
물론 남편도 같이 감당해야 하지만
가족 한 사람 한 사람의 역할이 더 중요합니다.
기도로 문제를 풀게 하시고 기도로 가정을 거룩하게 하소서.

자녀를 위해서 기도하는 엄마가 되게 하소서.
부모를 위해 기도하는 자녀가 되게 하소서.
아내를 위해서 기도하는 남편이 되게 하소서.
남편을 위해서 기도하는 아내가 되게 하소서.
가정을 위해서 기도하는 부부가 되게 하소서.

구하고 간구하면 무엇이든지 들어주시는 분이 있음을 감사합니다.
아무리 힘들고 어려워도 그때마다 주님을 망각하지 않고
주님의 인도하심을 구하는 겸손한 가정이 되게 하소서.

악한 마귀가 더 이상 가정에 들어오지 않도록
기도로 무장하고 말씀으로 물리치게 하소서.
늘 영적 전쟁임을 생각하여
기도로 근신하여 깨어 있게 하소서.
예수님의 이름으로 기도합니다. 아멘.

가정 예배를 드리는
거룩한 가정이 되게 하소서

거룩하신 주님!

하나님만 경배하고 찬양하며 예배하는 가정으로 세우게 하소서.

가정을 세우시는 분은 하나님이심을 찬양합니다.

이것을 고백하는 우리 가정에게

예배하는 것이 제일 중요한 시간이 되게 하소서.

어떤 상황에서도 우리 가정이 주님을 예배하고

경배하는 데 우선순위를 두게 하소서.

모든 것은 예배에서 나옴을 온 가족이 믿게 하시고

오직 하나님만 경외하는 가정이 되어

하나님이 예비하신 복을 내려받게 하소서.

아무리 바빠도 예배를 소홀히 하지 말고

모든 일에 앞서 예배에 최우선을 두며

매 주일 가정 예배시간을 거룩하게 만들어 지키게 하소서.

예배드리는 일이 억지가 되지 말게 하시고

그리스도인의 마땅한 일이 되게 하소서.

하나님은 예배받으시기에 합당하신 분임을 고백하게 하시고
온 가정이 이것을 잘 이해하며
예배하는 일을 잊어버리지 않게 하소서.
예배시간을 통하여 가정을 거룩하게 하시고
주님만을 경배하는 가족이 되게 하소서.

하나님을 경외하는 자에게
지혜를 주신다고 말씀하신 것을 믿습니다.
내 힘으로 하나님께 예배할 수 없습니다.
하나님이 예배하는 자를 찾으시고
하나님이 예배의 자리로 불러주셔야
예배가 이루어짐을 믿게 하소서.
예배를 통하여 하나님과 친밀한 관계가 이루어지게 하시고
하나님의 성품을 닮게 하소서.
하나님을 예배하는 자는 하나님이 지배하심을 믿게 하시고
먹든지 마시든지 하나님의 영광을 위하여 살게 하소서.
예수님의 이름으로 기도합니다. 아멘.

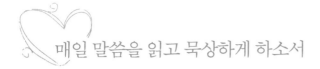
매일 말씀을 읽고 묵상하게 하소서

은혜와 진리되신 주님!
말씀으로 세상을 창조하신 하나님의 방식대로 살게 하소서.

오늘 하루를 주신 것은 하나님의 뜻대로 살라는 의미입니다.
매일 주신 하루를 내 방식대로 사는 것이 아니라
하나님의 방식대로 살게 하소서.
그러기 위해 말씀을 읽고 묵상하며
그 뜻을 따라 살게 하소서.
나의 하루는 내 뜻을 이루는 것이 아니라
주님의 뜻을 이루는 시간입니다.
우리 주님도 나의 뜻을 이루기 위함이 아니라
하나님의 뜻을 이루기 위해 죽으셨습니다.

기도하기는 말씀을 읽고 묵상하면서
하루를 어떻게 해야 할지 생각하며
그 즐거움으로 하루하루를 살게 하소서.
우리 가정을 말씀을 성취하는 곳이 되게 하시고

말씀의 지배를 받는 거룩한 약속의 가족이 되게 하소서.
아브라함의 꿈이 이삭과 야곱으로 이어지듯이
우리 가족도 하나님이 주신 말씀을 이루기 위해
하루를 충성하게 하소서.

이런 가정 속에서 주님을 사랑하는 새벽 이슬 같은
주의 자녀가 많이 나오게 하시고
주님을 닮은 제자가 양육되게 하소서.
디모데와 같은 선한 양심을 가지고 말씀으로 준비된 일꾼이
우리 가정을 통하여 배출되게 하시고
말씀을 마음과 뜻과 정성을 다하여 사랑하게 하소서.
말씀이 육신이 되어 오신 주님처럼
우리 가정도 말씀으로 변화되는 가정이 되게 하소서.
예수님의 이름으로 기도합니다. 아멘.

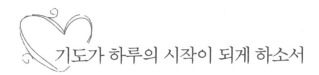

기도가 하루의 시작이 되게 하소서

습관에 따라 기도하신 주님!
우리의 기도를 들으시는 하나님을 찬양합니다.

기도는 영이신 하나님과 만나는 시간입니다.
기도를 통하여 보이지 않는 하나님을 친밀하게 느끼게 하소서.
주님과 깊은 대화를 통하여
주님의 마음과 생각을 알게 하시고
그것을 그대로 내 안에 거하게 하소서.
그리하여 내가 사는 것이 아니라
내 안에 그리스도께서 사는 삶이 되게 하소서.

누구와 대화하느냐는 나의 삶에 그대로 영향을 줍니다.
누군가와 많은 대화를 나누면 그 사람처럼 됩니다.
하지만 하나님과의 대화인 기도를 많이 하면 할수록
하나님을 본받게 됩니다.

주여, 간절히 기도하기는 나의 기도를 통하여

나의 기도를 들으시는 하나님을 만나게 하소서.

기도를 통하여 하루가 기도가 되기를 소원합니다.

내 힘으로 살 때는 실패요 열매 없는 삶이었습니다.

그러나 이제 기도를 통하여 하나님의 뜻에 순종하는 하루가 되면

생명과 평안을 얻는 삶이 될 줄 믿습니다.

기도로 우리 가정을 매일 거룩하게 만들어가게 하시고

기도하는 시간이 가장 즐거운 시간이 되게 하소서.

주님과 대화를 통하여 삶의 변화를 꿈꾸게 하소서.

어떻게 해야 할지 모를 때 기도함으로써 주님의 뜻을 알게 하시고

그 뜻을 이루는 능력의 하루가 되게 하소서.

기도시간을 통하여 온 가족이 주님의 마음에

가까이 다가서는 축복의 시간이 되게 하소서.

기도는 자기를 포기하는 시간임을 알게 하시고

자기를 포기하는 것을 두려워하지 말게 하시며

포기함으로 인해 우리 가정 안에 들어오시는

주님을 체험하게 하소서.

예수님의 이름으로 기도합니다. 아멘.

주님을 자랑하는 찬양이 넘치게 하소서

영광의 하나님!
주님의 위대하심을 찬양합니다.

우리 가정이 하나님을 높이고
그 이름을 드러내는 성소가 되게 하소서.
우리의 대화가 하나님을 자랑하고
하나님이 하신 일을 경배하는 대화가 되게 하소서.

모세와 이스라엘 백성이 홍해를 건넌 후 찬양을 드린 것처럼
날마다 우리를 구원하신 그 일을 찬송하며 살게 하소서.
하나님은 많은 일을 나를 통해,
또 우리 가정을 통해 이루고 계시는데
우리는 그 일을 잊어버릴 때가 많습니다.
하나님이 행하신 일을 기억하며
하나님을 세상에서 자랑하며 즐거워하게 하소서.

하루를 주신 하나님께 감사하며

눈을 뜨게 하신 주님께 경배하고

하루를 살 수 있도록 힘을 주신 하나님께 영광을 올립니다.

찬양거리를 찾아보면 너무나도 많은데

우리는 그것을 자주 잊어버립니다.

찬양의 이유를 먼저 깨닫게 하소서.

우리 가족을 주신 하나님께 감사하며 주님을 찬양합니다.

우리 주위에는 주님에 대해 적대감을 가진 사람이 많습니다.

하지만 우리는 하나님을 자랑하고 드러내기를 좋아합니다.

이런 삶을 주신 것에 감사합니다.

하나님에 대해 긍정적이고

좋은 감정을 갖게 하신 것 또한 놀라운 은혜입니다.

이것 또한 내 힘으로 되는 것이 아닙니다.

오만한 자의 자리에 앉지 않고

죄인의 길에 서지 않은 것이 감사할 뿐입니다.

주여, 우리 가족이 날마다 주님을 찬양하는 삶을 살게 하소서.

주님이 오시는 그날까지….

예수님의 이름으로 기도합니다. 아멘.

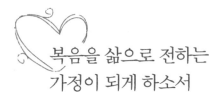

복음을 삶으로 전하는
가정이 되게 하소서

구원의 주님!
복음으로 거듭나게 하심을 감사드립니다.

우리 가정을 구원해주시고 복음으로 새롭게 하심을 찬양합니다.
구원받은 감격을 가지고 복음의 증인이 되게 하소서.
우리에게 구원을 주신 것은 주님을 믿을 뿐 아니라
놀라운 복음을 전하는 사명을 전하는 것도 포함되어 있습니다.

복음은 기쁜 소식입니다.
누구에게나 좋은 선물로 주어져야 합니다.
복음을 받았음에도 나만 만족하고 그대로 지니고 있으면
그것은 아직 복음을 알지 못한 상태임을 깨닫고
영적 부담감을 갖게 하소서.

주여, 간절히 기도하기는
우리 가정이 복음을 전하는 전초기지가 되게 하소서.

우리 주위에 있는 이웃 중에
아직 복음을 알지 못한 사람이 많습니다.
그들에게 복음을 전하기 위해 수고하는 가정이 되게 하소서.

정말 복음에 감동하고 복음으로 삶이 달라지면
수가성 여인처럼 동네에 가서 예수님을 전하는 사람이 됩니다.
우리 가정도 예수님을 만난 감격을
이웃에게 담대히 전하는 역사가 일어나게 하소서.
이것은 누구의 체면이나 억지로 일어날 수 있는 일이 아닙니다.

마음에 감동을 받거나 복음을 전하지 않으면
견딜 수 없는 사람이 되게 하소서.
성령께 이끌려 주의 복음을 전하는 가정이 되게 하소서.
좋은 것일수록 다른 사람에게 나누어주고
그들도 나와 같이 복음의 즐거움을 얻는 것을 소망하게 하소서.
이것은 하나님 사랑과 이웃 사랑은
함께 일어난다는 것을 알게 하시고
그것을 일치시키는 복음의 역사를 우리 가정도 경험하게 하소서.
예수님의 이름으로 기도합니다. 아멘.

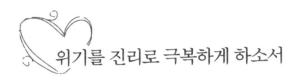

위기를 진리로 극복하게 하소서

능력의 하나님!
우리가 사는 세상은 죄악 된 모습으로 가득 차 있습니다.
쉬지 않는 악의 문제가 계속 발생하는 것이 세상의 모습입니다.

주님, 이것을 어떻게 해결해야 할지 걱정입니다.
그런데 주님은 이것을 해결하는 힘을 우리에게 주셨습니다.
그것은 예수님을 우리에게 주심으로써
길이 열린 것에 감사하게 하소서.
오늘 우리가 이렇게 기도할 수 있는 것도
이미 우리는 세상이 부러워할 능력을 받은 사람들입니다.
주여, 먼저 이런 사실을 알게 하신 것에 감사드립니다.

주님, 기도하기는
먼저 우리의 삶이 고난을 피할 수 없는 것임을 알게 하소서.
세상에 있는 한 우리는 계속되는 고난을 피할 수 없습니다.
먼저 이것을 인정하고 받아들이게 하소서.
그리고 고난을 이기는 힘을 우리 가족에게 주소서.

우리 가정이 세상의 헛된 영광을 바라지 말고
신실하시고 나를 영원히 책임져주시는
하나님을 사랑하고 따르게 하소서.
어떤 어려움이 있어도 하나님으로 인해 실망하지 않게 하시고
나를 만들고 세우는 기회가 됨을 믿게 하소서.

진리는 고난 속에 숨어 있음을 믿고
오히려 자기를 죽이는 시간으로 삼아
진리를 배우고 말씀을 가까이 하게 하소서.
고난 속에서 하나님을 인격적으로 만나고
하나님을 깊게 체험하는 기회로 삼게 하소서.

고난 속에서 진실함을,
고통 속에서 겸손함을,
위기 속에서 본질을,
환란 속에서 단순함을 얻게 하소서.
예수님의 이름으로 기도합니다. 아멘.

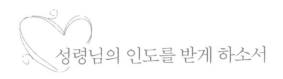

성령님의 인도를 받게 하소서

영이신 하나님!
주님을 믿는 자에게는 성령을 선물로 주심을 믿습니다.
내 안에 계신 성령님을 믿게 하여 주소서.
눈에 보이지 않는 하나님을 물체와 감각과 현상이 아닌
인격으로 믿게 하시고 친밀한 만남을 주소서.

진리의 영이 오시면 진리로 이끄심을 믿습니다.
무엇을 해야 할지 모르는 상황에서
주님의 뜻이 무엇인지 분별하는 능력을 주소서.
성령께서 내 안에 있음을 믿고
성령의 음성에 민감하게 하소서.

성령의 음성을 느낌과 감정으로 받아들이지 말고
말씀을 통해 주시는 성령의 음성을 듣게 하소서.
내 생각대로 성령의 음성을 판단하지 말고
성령께 순종함으로써 그때마다 주시는
하나님의 음성을 듣게 하소서.

나를 위한 목적을 가지면
성령의 음성이 들려주시지 않는 것을 믿게 하시고
나의 목적과 뜻을 포기하고 내려놓게 하소서.
주님의 나라와 의를 구하는 것이 무엇인지
나의 생각에서 판단하려 하지 말고
말씀을 통해 계시하시는 영의 음성을 듣게 하소서.

성령님의 역사는 무한대임을 믿게 하시고
믿는 자에게 능치 못할 일이 없는 것을 인정하고 수용하게 하소서.
보고 이해하고 믿는 것이 아니라
믿고 이해하는 것임을 알게 하시고
믿음으로 이해하다 보면
그 믿음이 더 큰 것을 보여주심을 바라보게 하소서.

주님의 변하지 않는 생각을
성경을 통해 배우고 받아들이게 하소서.
성경을 통해 계시된 일관된 원리를 붙잡고
인내하면서 살아가게 하소서.
예수님의 이름으로 기도합니다. 아멘.

하나님의 나라를 위해 살게 하소서

천국을 값없이 주신 하나님!
영원히 멸망받을 수밖에 없는 우리를 구원해주심에 감사드립니다.
이것은 주님의 십자가 죽음으로 이루어진 일입니다.
하지만 우리는 이 믿음을 지키지 못할 때가 많습니다.
우리에게 믿음을 주신 것은 주님을 믿을 뿐 아니라
그와 더불어 고난도 받게 하기 위함인 줄 알게 하소서.

이 세상에서의 삶은 하나님의 나라보다
인간의 나라 건설에 집중하고 있습니다.
이런 가운데서 하나님 나라를 이루는 일은 쉽지 않습니다.
고난을 동반하는 일이고 세상과 반대로 사는 일입니다.
주님, 이 세상에서 하나님 나라의 일을 이루는 것은
인간의 힘으로는 불가능합니다.
주님이 도와주셔야만 가능합니다.

이 시간 기도하기는 저에게
먼저 하나님의 나라를 소망하게 하소서.

그리고 그 나라가 내 안에 충만하게 하소서.

하나님 나라는 먹고 마시는 것이 아닌 평강과 희락과 의입니다.

이것을 이루도록 나를 도와주소서.

하나님 나라가 내가 있는 일터에서 이루어지게 하소서.

그리고 가정 안에서 이루어지게 하소서.

이것을 이루기 위해 우리 가정에 하나님의 비전을 주소서.

주님이 품었던 하나님 나라의 비전을 갖게 하시고

그것을 위해 내가 가진 것을 바치게 하소서.

하나님 나라가 없는 사람에게 하나님 나라를 전하게 하시고

하나님 나라를 알지 못하는 사람에게

삶으로 하나님 나라를 증거하게 하소서.

우리 가정이 자족하는 삶을 살게 하시고

예수님으로 만족하는 가족이 되게 하소서.

거듭나지 못하면 누구도 하나님의 나라를 볼 수가 없습니다.

주변에 아직 거듭나지 못한 사람에게

그리스도의 복음을 전하여

하나님의 나라가 임하는 역사를 주소서.

예수님의 이름으로 기도합니다. 아멘.

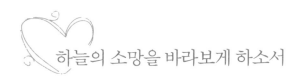

하늘의 소망을 바라보게 하소서

소망의 하나님!
우리 가정에 예수님으로 영원한 소망을 주심에 감사합니다.
하지만 영원한 소망을 받았음에도
여전히 그 소망을 이어가지 못하는 연약함이 우리에게 있습니다.
우리는 세상의 즐거움과 물질에 사로잡혀 살 때가 많습니다.
이 세상의 가치와 성공에 매여 살 때가 있습니다.
이런 연약함을 불쌍히 여겨주소서.

주여, 기도하기는 우리 각자에게 있는 연약함을 통해
복음의 능력을 드러내게 하소서.
소망 가운데 사는 것이 무엇인지
세상 사람들에게 전하는 사람이 되게 하소서.
하늘에 속한 신령한 복을 알게 하시고
그리스도 안에 있는 충만함을 경험하게 하소서.
예수님의 충만함에 거함으로써 그 안에 있는 소망을 품게 하시고
그 소망으로 세상 일을 감당하게 하소서.

나의 생명을 소망으로 새롭게 하여
하나님의 나라를 위해 사용되게 하소서.
내가 바라는 소망은 보이는 소망이 아니라
보이지 않는 소망인 것을 알게 하시고
말씀을 통하여 보여주신 하나님의 꿈을 꾸게 하소서.

제자들에게 미리 보여주셨던 하늘의 소망을
우리 가정에도 주시어 그 소망으로 세상을 이기게 하소서.
믿음을 통하여 주신 소망을 붙잡고
세상의 어려움을 극복하게 하소서.

주변에는 하늘의 소망을 알지 못하고
믿지 않는 사람이 많습니다.
우리에게 주신 소망은 나에게만 끝나는 것이 아니라
그들에게도 전하는 일임을 알게 하시고
영원한 소망을 나누어주는 제자가 되게 하소서.
이 세상에서 당하는 잠깐의 고난은
장차 나타날 영광과 비교하면 아주 작은 것입니다.
이런 모습을 영으로 보여주시고
그 소망을 통하여 각자 주어진 삶을 살게 하소서.
예수님의 이름으로 기도합니다. 아멘.

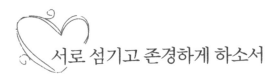

서로 섬기고 존경하게 하소서

가정의 주인되신 주님!
주님을 주인으로 섬기는 가정을 주신 것을 찬양합니다.

가정이 건강하게 교회다운 모습을 이루기 위해서는
한몸 된 원리를 이해하여 서로 섬기고 존경하게 하소서.
사탄은 아담과 하와에게 다가가서 미혹하여
하나님을 의심하게 하고 가정을 파괴하며
서로를 탓하는 불행한 가정이 되었습니다.
우리 가정이 이런 가정으로 미혹되지 않게 하시고
서로를 섬기고 존경하며
그리스도를 대하는 것처럼 서로 사랑하는 가정이 되게 하소서.

나의 유익을 구하지 말게 하시고
나보다 남을 더 낫게 여기는 가족이 되게 하소서.
우리는 그리스도 안에서 한몸이자 서로가 지체입니다.
서로 분리될 수 없는 생명공동체입니다.
죽음이 와도 우리 가족을 해체할 수 없는 영원한 가족입니다.

십자가와 부활로 세워진 우리 가족은
세상에서 가장 위대한 공동체입니다.
이런 자긍심과 믿음을 가지고 주님을 머리로 섬기게 하소서.
이것을 이루기 위해 서로 지체로 연락되어 있음을 믿고
서로 소통하여 말씀 앞에 순종하고
그 말씀이 주인이 되는 그런 영적 가정이 되게 하소서.

가정을 통하여 치유와 회복을 경험하고
성령의 능력을 덧입어
각자의 사명을 감당하는 가정이 되게 하소서.
우리의 부족함은 주님이 채워주심을 믿습니다.
예수님의 충만하심으로 충만하게 하소서.
음부의 권세가 해치지 못하는 가정임을 믿고
감사하고 찬양하며 살게 하소서.
각자가 맡은 역할을 감당하고
힘이 없을 때는 오히려 연약한 자를 서로 돕고 위로하며
기도해주는 가정이 되게 하소서.
예수님의 이름으로 기도합니다. 아멘.

"우리 가정은 하나님의 부름받은
가정이라는 사실을 잊지 말게 하시고
믿음의 이야기를 계속 이어가게 하소서."

6

믿음의
명문家를 만드는
가장의 기도

복음의 바통을 계속 잇는
가문이 되게 하소서

복음으로 오신 주님!
우리를 거룩하게 하시고 구원하신 주님을 찬양합니다.
우리 가정을 하나님의 꿈을 꾸는 약속의 가문이 되게 하소서.

구약의 아브라함의 언약을 이어가는 가정이 되게 하시고
수천 년 동안 이어온 복음의 바통을 이어받아
우리도 다음세대에게 이어주는 영원한 가족이 되게 하소서.
이것을 위해 성경의 약속을 사모하게 하시고
말씀을 이루기 위해 오신 예수님처럼
우리 가정도 이것에 마음을 집중하게 하소서.
잠시 있다 사라지는 풀 같은 허무한 가정이 아니라
영원한 약속으로 맺은 놀라운 가족임을 믿게 하소서.

단순히 혈과 육으로 맺어진
이 세상에서만 함께하는 가족이 아니라
죽음 이후에도 천국에서 만나 하나님의 나라에 동참하는

영원한 가족이 되게 하소서.
가족 중에 어느 한 사람도 복음에서 떨어지지 않게 하시고
예수님 안에서 하나 되어
함께 천국을 여행하는 행복한 가정이 되게 하소서.

우리 가정만 생각하는 것이 아니라
아직도 예수님 안에 들어오지 못한 이웃가정을 구원하게 하소서.
말로 구원을 전하는 것을 넘어
우리가 살아가는 가정의 모습을 통하여
천국복음을 전하게 하소서.

이웃 가정이 우리 가정을 보고
"어떻게 해야 당신의 가정처럼 구원받을 수 있습니까?"라고
질문하며 우리 가정처럼 되고 싶은 소망을 갖게 하소서.
그럴 때 예수님을 믿으라고 전하는 능력의 가정으로 세워주소서.
언약을 이어가는 복음의 주자들이 우리 가정을 통해
해와 별처럼 빛나게 하소서.
예수님의 이름으로 기도합니다. 아멘.

아브라함의 축복을 함께 받는 가정이 되게 하소서

언약을 이루시는 주님!
말씀으로 세상을 창조하시고
지금도 그 말씀으로 세상을 운행하시는 하나님을 찬양합니다.
오래전에 아브라함을 갈대아 우르에서 불러
약속의 땅으로 가게 하셔서
인류 구원의 역사를 이루게 하신 은혜가
오늘 우리 가정에서도 이루어지게 하소서.
아브라함과 이삭과 야곱에게 이어간 것처럼
우리 가정도 3대로, 자손대대로 믿음이 이어가게 하소서.

이 세상에서 가장 소중한 것이 복음인 줄 믿고
복음 안에서 행복하게 하소서.
서로 예수님 안에서 가정을 이루게 하시고
각자 복음의 능력을 체험하는 은혜를 주소서.
위대한 복음을 얻은 가정으로서 위대한 하나님의 꿈을 품고,
위대한 일을 믿음으로써 시작하는 가정이 되게 하소서.

약속을 믿고 주님에게 소망을 두면
우리가 이루는 것이 아닌 하나님이 이루실 줄 믿습니다.
우리 가족을 통하여 선한 일을 시작하셨으니
주님이 오시는 날까지 이루실 줄 확신합니다.

허망한 세상의 시류에 따라 살기보다
영원한 복음을 붙잡고
그것을 전하고 나누어주는 데 목적을 두게 하소서.
먹고 마시는 것이 목적이 아니라
하나님의 나라와 의를 이루는 가정이 되게 하소서.
자녀가 세상에서 복음을 전하는 화해자로 살게 하시고
어디에 있든지 서로 하나 되고
화목한 삶을 만들어가는 주체가 되게 하소서.

"너는 복의 근원이 될지라"고 말씀하신 축복이
우리 가족에게도 그대로 임하게 하시고
다윗과 그리스도께서 태어난 가문처럼 우리 가문에서도
주님의 의를 이루는 신앙의 인물이 나오게 하소서.
이삭과 야곱과 요셉처럼 믿음을 본받는
주의 자녀들이 이 가문에서 풍성하게 열매로 맺혀지게 하소서.
예수님의 아름으로 기도합니다. 아멘.

자녀를 제자 삼게 하소서

사랑의 주님!
평생 12명의 제자를 훈련하여 키워내신 주님을 바라봅니다.
우리 가정에서도 주님의 모습이 그대로 이루어지게 하소서.
자녀를 그리스도의 제자로 삼아
사람을 키우는 가정이 되게 하소서.

의식주만 해결하는 가정으로 머물게 하지 마시고
먹고 입을 것을 주신 은혜에 감사하며
은혜를 갚는 가정이 되게 하소서.

세상의 명예와 성공을 꿈꾸지 말고
하나님 나라를 이루는 주님의 제자로 성장하게 하소서.
자녀에게 말씀을 꾸준히 가르치고
당장의 열매를 바라지 말고 하나님의 때에 이루실줄 믿고
말씀을 심고 믿음을 전수하게 하소서.

사무엘처럼 "주여, 말씀하옵소서. 주의 종이 듣겠나이다" 하는

순종하는 마음을 주시고
나다나엘처럼 간사한 마음을 갖지 않게 하시며
순수하고 단순하고 진실 된 마음을 주소서.
디모데처럼 청결한 양심을 주시고
하나님의 은사를 불일 듯하여
하나님의 총명함으로 주신 사명을 이루게 하소서.

말씀을 사모하게 하시고
기도함으로 자신을 겸손하게 하는 생활이 되게 하소서.
주님의 나라를 사모하며 부모님의 가르침을 잘 받아들이고
위기의 시대를 준비하는 다니엘과 에스더와
에스겔 같은 사람이 되게 하소서.

주의 위로하심이 임하는 성령의 가족이 되게 하소서.
이것을 위해 성령의 꿈을 꾸는 자녀가 되게 하시고
인내하며 하나님께 소망을 두는 믿음의 인물을 본받아 살게 하소서.
우리 가정이 이런 비전을 이루는 거룩한 성소가 되게 하소서.
예수님의 이름으로 기도합니다. 아멘.

3대가 같이 예배하는
가정이 되게 하소서

구원을 이루시는 주님!
좋은 가정을 주신 하나님께 감사드립니다.

믿음을 주시고 언약을 이루게 하시는
하나님의 사랑을 찬양합니다.
기도하기는 우리 가정이 세대 간에 단절되지 않고
서로 연결되어 주님의 약속을 이어가는
축복된 가정이 되게 하소서.

가능하면 주일마다 한 번은 3대가 같이 모여
예배하는 가정이 되게 하소서.
사탄은 이런 모임을 싫어하여 방해할 것입니다.
"사탄아, 물러가라! 너는 우리 가정을 넘어지게 하는 자로다" 하며
우리 가정을 분열시키고 세대를 끊어버리게 하는
미혹을 이기게 하시고
부모와 자녀와 조부모가 같이 모여 하나님의 약속을 이어가는

위대한 사명을 이루는 거룩한 가정이 되게 하소서.
이것을 위해 남편과 아내가 거룩한 열망을 품게 하시고
이것을 이루기 위해 희생을 아끼지 않게 하소서.

한 알의 밀알이 떨어져 죽으면 많은 열매를 맺는 것을 믿습니다.
세상의 모습에 이끌리지 말고
우리 가정만의 거룩한 삶을 만들어가게 하소서.
자손대대로 이어가는 우리 가문의 전통이 되게 하시고
삶의 원리가 되게 하소서.
이것을 정착하여 가정에서 실천하는 힘을 주소서.
가정을 통하여 이루시고자 하는
하나님의 꿈을 사모하게 하시고
거룩한 열망을 온 가족이 품게 하소서.

인간의 편리함과 잠시 동안의 즐거움을 이기고
영원한 소망과 하나님의 나라가 세워지는 상상을 하며
이 일에 모두 하나 되는 가정이 되게 하소서.
예수님의 이름으로 기도합니다. 아멘.

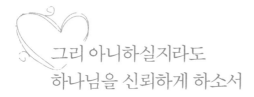

그리 아니하실지라도
하나님을 신뢰하게 하소서

신실하신 주님!

하나님의 사랑은 변하지 않고 영원하심을 믿습니다.

한 번 선택하신 하나님의 은혜는 끝까지 이어짐을 찬양합니다.

하나님의 약속을 이어가는 것이

결코 쉽지 않는 일임을 잘 압니다.

쉽게 이루어지지 않고

오랜 수고와 희생과 고난을 거쳐야 이루어짐을 기억합니다.

약속을 붙잡고 가는 믿음의 길은

순탄하지 않은 길임을 알게 하시고

주님이 십자가의 길을 가신 것도

고난을 이기면서 승리하셨음을 알게 하소서.

우리 가정의 믿음도 이것을 본받아 끝까지 인내하게 하소서.

어떤 경우에도 낙심하거나 실망하지 말고

믿음을 포기하고 세상으로 나가지 않게 하소서.

우리가 생각하는 방향이 아닌 엉뚱한 길로 우리를 이끄신다 해도 하나님은 선하고 좋으신 하나님이심을 찬양하며 감사하게 하소서.

그리 아니하실지라도 하나님을 찬양하게 하소서.
그럼에도 불구하고 하나님께 감사하게 하소서.
'이럴 수 있을까' 하는 생각이 들어도 하나님을 신뢰하게 하소서.
소망이 안 보이고 막막할지라도
어둠의 터널도 끝이 있음을 믿고 약속을 붙잡게 하소서.
히브리서 11장의 선진들의 믿음을 묵상하여 이기게 하시고
고난을 잘 이긴 믿음의 선배들을 따라가게 하소서.

욥의 친구들의 소리에 귀 기울이지 말고
하나님의 음성에 귀 기울이게 하소서.
어려울수록 가족이 하나 되고
십자가의 고난에서 위로를 받게 하소서.
성령께서 우리 안에 계시고 가족 간에 함께하셔서
말할 수 없는 탄식으로 기도하시는
위로와 사랑에 힘을 얻어 이기게 하소서.
끝까지 견디는 자에게 상주심을 믿고
믿음으로 승리하게 하소서.
예수님의 이름으로 기도합니다. 아멘.

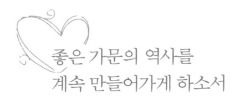

좋은 가문의 역사를
계속 만들어가게 하소서

역사를 주관하시는 하나님!
우리를 선택하시고 믿음을 갖게 하신
은혜에 감사드립니다.
하나님 한 분으로 만족하며 찬양을 그치지 않게 하소서.

우리 가정은 하나님의 부름받은
가정이라는 사실을 잊지 말게 하시고
믿음의 이야기를 계속 이어가게 하소서.
비록 세상에서 70~80년의 짧은 삶이지만
믿음으로 비전을 심고
작은 일에 충성하면 그것은 천 년과도 같은 삶이요
영원한 삶인 것을 믿습니다.

풀은 마르고 이슬은 사라지며 꽃은 지지만
하나님의 말씀은 영원합니다.
말씀으로 믿음의 계보를 이어가게 하소서.

아브라함과 다윗의 계보가 이어져서 예수님이 오신 것처럼
우리 가문도 예수님이 주신 복음을
계속 이어가는 가정이 되게 하소서.

하루하루의 삶이 하나님께서 주신 역사를 기록하는 심정으로
복음을 위해 수고하게 하시고
하나님과 동행하는 하루가 되게 하소서.
이미 영생을 주신 것은 영생의 삶을 세상에서 누리고
그것을 계속 전파하라는 사명임을 알게 하시고
우리 가정에 속한 것만 가지고도 감사하는
신앙의 명문가로 이어가게 하소서.
다른 사람과 경쟁을 하는 것이 아닌 좋은 모델을 보여주어
믿음의 자취를 따라가게 하소서.

온 가족이 이런 소망에 마음이 뜨거워지게 하시고
그것을 이루기 위해 자기에게 주신 은사와 재물과 열정을 바쳐
오직 하나님의 나라가 세워지는 믿음의 가문이 되게 하소서.
오직 하나님께만 영광을 높여드리는 가문이 되게 하소서.
예수님의 이름으로 기도합니다. 아멘.

남편은 가장으로서 가정을 지키고 행복한 가정을 만드는 소망을 가지고 살아간다. 하루를 시작할 때도 늘 가정을 생각하면서 어떻게 하면 가정을 지키고 온 가족에게 기쁨을 줄 것인가를 생각한다. 이런 소원은 모든 남편이 갖는 한결같은 마음이다.

남편의 소망은 가정을 형통하게 하는 일이다. 이것을 위해서 열심히 일한다. 우리 주변에 보면 불철주야로 뛰어다니며 수고하는 남편이 많다. 무거운 짐을 지고 아파트를 오르락내리락 하느라 땀 흘리며 배달 일을 하는 남편들을 볼 때마다 마음이 아련하다. 가정을 책임지고 가정을 세우기 위해 모든 수고와 노력을 다한다. 집안에 있는 아내와 자녀들을 생각하면 쉴 틈 없이 더 열심히 뛰어야 한다. 이렇게 수고하는 대한민국의 남편이 많다.

하지만 실제 상황은 쉽지 않다. 아무리 수고하고 노력해도 겨우

생활을 유지하는 것조차 힘든 경우가 많다. 열심히 수고하고 힘을 써도 가정의 문제와 일터를 다 해결하는 것은 불가능하다. 그렇게 살아도 근근이 하루하루를 이어가는 남편이 생각보다 많다. 인간의 노력으로 해결되지 않는 일이 존재한다. 남편 앞에 산적해 있는 일들을 해결하기 위해 이리저리 바쁘게 뛰어다니지만 인간의 태생적인 한계를 느낀다. 이런 가운데 남편의 어깨는 점점 무거워진다. 고개 숙인 남편이 점점 많아지고 있는 것은 당연하다.

인간이 아무리 노력해도 안 되는 문제를 맞이할 때면 앞이 막막하다. 이런 점에서 누구보다도 남편의 짐이 무겁다. 이때 남편은 어떻게 해야 할까? 그것은 기도하는 일이다. 내가 할 수 없는 일을 만날 때 그대로 포기하고 그만둘 수 없다. 이럴 때 낙심하지 않고 끝까지 인내할 수 있는 길은 기도하는 일이다. 기도는 쉬는 것이 아닌 일하는 것이다. 하나님과 함께 상의하며 문제를 해결하기 위해 수고하고 일하는 시간임을 안다면 기도하는 일에 시간을 더 투자해야 한다. 진짜 문제를 해결하는 솔루션은 기도에 달려 있다. 하나님께 최종 승인을 받아야 하기 때문이다.

남편의 기도가 중요한 이유는 가장인 남편이 기도한다는 데 의미가 있다. 가정의 머리인 남편이 기도한다는 것은 가정의 주인이신 하나님을 인정하는 것으로 가정의 질서가 바르게 세워지는 순간이며, 바로 그때가 하나님의 복이 임하는 시간이다. 하나님의 복이 남편을 통해서 오기에 남편이 기도하는 것은 곧 하나님의 복의 통로를 회복하는 일이다.

남편의 기도가 회복되어야 가정이 회복되고 가정이 형통해진다. 남편의 기도가 이루어질 때 가정의 온전한 회복이 이루어진다. 기도하지 않고는 아무 일도 이룰 수가 없다. 왜냐하면 기도하지 않고 이루는 일은 하나님이 없는 일이기에 설령 대단한 일을 이루어도 그것은 바벨탑과 같이 허망하게 사라질 것이기 때문이다. 기도한다는 것은 남편 혼자 일하는 것이 아니라 하나님과 같이 일한다는 것을 의미한다. 기도하는 일은 실패가 없다. 설령 더디 이루어져도 그 일은 꼭 응답된다. 사람이 일을 계획해도 그 일을 이루시는 분은 하나님이시다.

남편들이여, 지금부터라도 일하는 방식을 바꾸자. 혼자 일하지 말고, 사람들과 함께하지 말고, 먼저 하나님과 함께하자. 그리고 하나님이 만나게 해주시는 사람들과 더불어 일을 하면 지금보다 더 나은 일을 할 수 있다. 모든 일에 하나님께서 주인이 되게 하자. 그것의 첫 걸음이 기도하는 일이다. 주님께 먼저 묻고 시작하자. 그러면 모든 일에 형통함이 일어날 것이다. 합력하여 선을 이룰 것이다. 시작이 하나님이 되어야 마지막도 하나님이 이루신다.

생각해보면 가정에서 남편의 일은 너무 많고 혼자 감당하기에는 그 짐이 무겁다. 그것을 혼자 고민하지 말고 기도로 시작하면 훨씬 일이 쉬워질 것이다. 기도할 수 있는데 왜 걱정하는가?

"또 여호와를 기뻐하라. 그가 네 마음의 소원을 네게 이루어주시리로다. 네 길을 여호와께 맡기라. 그를 의지하면 그가 이루시고"(시 37:4-5).

기도로 하나님이 좋아하시는 일을 찾아 그 일을 시작하면 하나님이 이루신다. 기도하는 삶은 형통하게 된다. 기도하는 것은 하나님의 일과 내 일을 하나로 일치시키는 것이다. 그러면 하나님의 능력이 일어나고 나를 통해 하나님은 기적을 이루신다. 이렇게 되면 내 일이 하나님의 일이요 하나님의 일이 내 일이 된다. 이 모든 것이 기도로 이루어진다. 이래도 기도하지 않겠는가? 지금 기도하는 순간 당신은 형통의 길에 들어선 것이다. 기도로 시작하는 하루는 하나님의 위대한 일을 기대하며 믿음으로 시도하는 시간이다. 이 책을 통해 기도의 자리로 안내받아 영원토록 하나님과 동행하는 복된 시간이 되길 소망한다.

■ 나의 신앙 고백 1

이 책을 읽고 아버지이자 남편이자 가장인 나에게 가장 중요한 것은 무엇이라
고 생각하는가? 그것을 이루기 위해 내가 꼭 기도해야 할 것은 무엇인가?

....

....

....

....

....

....

■ 나의 신앙 고백 2

이 책을 읽고 아버지이자 남편이자 가장인 나에게 가장 중요한 것은 무엇이라
고 생각하는가? 그것을 이루기 위해 내가 꼭 기도해야 할 것은 무엇인가?